LA TYRANNIE VERTUEUSE

PIERRE JOURDE

LA TYRANNIE VERTUEUSE

le cherche midi

Vous pouvez consulter notre catalogue général
et l'annonce de nos prochaines parutions sur notre site :
www.cherche-midi.com

92, avenue de France
75013 Paris

Conception graphique : Justine Dupré
Composition : Soft Office
Dépôt légal : février 2022
ISBN 978-2-7491-7238-5

Ce qu'il y a de plus moderne ou postmoderne dans l'ambiance de maintenant : l'impératif de Vertu totale dont les médias surveillent quotidiennement l'application.

Philippe Muray, ***Ultima Necat*****, II,**
Journal intime**, 1986-1988.**

L'esprit de sérieux [...] est une morale qui a honte d'elle-même et n'ose dire son nom.

Sartre, ***L'Être et le Néant.***

Puisque l'être le plus propre de l'homme est sa propre possibilité ou puissance, alors [...] il est et se sent en dette. L'homme, en étant puissance d'être et de ne pas être, est toujours déjà endetté.

Giorgio Agamben, ***La Communauté qui vient.***
Théorie de la singularité quelconque

pour Katrin Le Folcalvez et Patrick Tudoret

L'inversion des valeurs

Un militant de gauche mort sous la présidence de Mitterrand et qui ressusciterait en 2022 n'en croirait pas ses yeux. Il verrait des partis de gauche défiler aux côtés d'extrémistes dévots pour s'opposer à ce qu'on critique, non pas même les dogmes, mais les exigences d'une religion en matière de mœurs. Il verrait des progressistes figurer dans des manifestations où l'on crie « mort aux juifs ». Il verrait des écrivains et des intellectuels de gauche signer des tribunes pour faire censurer des œuvres, et obtenir la mise au ban de leurs auteurs. Il verrait un professeur au Collège de France appeler à limiter la liberté d'expression par respect des religions. Il verrait des étudiants intervenir, non pas pour soutenir la représentation d'une pièce que le pouvoir chercherait à censurer, mais au contraire pour l'empêcher. Il verrait des éditeurs, au nom de la liberté et de l'égalité, traquer dans les textes anciens tout ce qui pourrait offenser les convictions modernes, changer des titres, modifier des dénouements. Il verrait les bibliothèques nettoyées au nom du progrès. Il verrait des universitaires affirmer que 2 + 2 est raciste. Il verrait des professeurs n'osant pas évoquer l'extermination des juifs d'Europe dans leurs classes.

Il croirait à une mauvaise plaisanterie, à une mystification. Ou à un cauchemar. Quelqu'un s'est amusé à renverser les valeurs, à mettre le monde à l'envers, à intervertir progressisme et obscurantisme, libération et interdiction, ouverture et exclusion. Et pourtant non : tel est notre monde aujourd'hui. Celui d'une régression sans précédent de la liberté et de la raison, dans les sociétés démocratiques occidentales qui se sont construites, difficilement, sur la liberté de penser et de publier. Tous ces acquis, pour lesquels des gens sont morts ou ont connu la prison, sont désormais remis en cause. Au nom du progrès. Toute la question est de savoir comment on en est arrivé là.

Cet ouvrage tente de dresser un bilan, hélas partiel, des ravages qu'exerce aujourd'hui ce qu'on appelle le wokisme, la *cancel culture* ou le *décolonialisme* dans la société, en particulier dans le domaine de la culture, de l'éducation, de l'information.

Le wokisme nous vient des États-Unis. Il s'agit de se montrer « éveillé » aux problèmes de discrimination, qu'ils concernent les femmes, les Noirs, les Amérindiens, les transgenres, les homosexuels, etc. Concrètement, la chasse est ouverte à tout ce qui n'est pas conforme à certaines représentations militantes, que ce soit dans le présent ou dans le passé. C'est cette pratique qu'on nomme *cancel culture*, qui se définit elle-même comme une culture de l'effacement de la culture. Car ces pratiques visent aussi à corriger la culture des siècles passés, ce qui ne s'était guère vu, avec cette ampleur et cette détermination, que dans les systèmes totalitaires.

Le décolonialisme en est une variété. Il prétend que non seulement les représentations passées, mais aussi celles du présent, et toute la société, toutes les mentalités des Blancs, tous les esprits, sont imprégnés de colonialisme et de racisme, qu'il s'agit de dénoncer et d'éradiquer.

On pouvait supposer que la liberté d'expression était un élément essentiel des démocraties, et qu'elle ne connaîtrait plus d'entraves. Elle a été acquise au prix fort, elle a fait l'objet d'âpres combats pendant des siècles, elle a coûté des vies. Le contre-exemple de sociétés où la liberté d'expression est réduite, comme la Chine ou les dictatures islamistes, aurait dû servir de repoussoir et permettre de la préserver chèrement. Il n'en est rien. En Europe, la liberté d'expression est en fort recul par rapport à ce qu'elle était dans les années 1970, et même, pour une bonne part, en recul par rapport à ce qu'elle était il y a un siècle et demi, au début de la IIIe République.

Cette liberté a été obtenue par des luttes menées par des forces de progrès, contre l'obscurantisme religieux ou l'arbitraire royal. Diderot, Voltaire, Beaumarchais n'ont pas imposé leurs idées sans des combats risqués. C'est à cause de lois visant à restreindre la liberté de la presse que la révolution de 1830 a éclaté et a chassé le roi Charles X, dernier des Bourbons en ligne directe. Sous la monarchie de Juillet, qui a suivi le règne de Charles X, la presse n'épargnait pas Louis-Philippe, et la fameuse caricature du roi en poire est devenue célèbre. Mais la censure était attentive. À la fin du XIXe siècle, un artiste belge, Félicien Rops, réalisait des œuvres d'une violence aujourd'hui inimaginable, où l'on voyait, à la place du Christ en croix, Lucifer en érection adoré par une femme dénudée. Tout autre chose que les gentilles caricatures de

Mahomet! La critique littéraire pouvait se montrer impitoyable: Léon Bloy ou Barbey d'Aurevilly traitaient Zola de porc. Ce dernier n'hésitait pas à publier un ouvrage intitulé *Mes Haines*. Pendant l'affaire Dreyfus, Clémenceau eut le courage de publier dans *L'Aurore* «J'accuse…!», de Zola, où ce dernier s'attaquait à l'armée, alors sacro-sainte, à une époque de patriotisme exacerbé, ainsi qu'aux juges et aux autorités politiques. Zola en assuma courageusement les conséquences: haine, injures, condamnation, exil. Au moment du conflit entre les tenants de la laïcité et les autorités religieuses, la gauche, notamment les radicaux-socialistes, affrontait des courants réactionnaires puissants. La presse, en particulier des publications anticléricales comme *L'Assiette au beurre* ou *La Lanterne*, publiait des caricatures ravageuses contre tout ce qui était catholique. À partir des années 1970, des magazines comme *Charlie Hebdo* ou *Hara-Kiri* se sont déchaînés contre toutes les institutions, toutes les valeurs établies, publiant des dessins ou des photographies obscènes sur le Christ, Dieu, le pape, les hommes politiques de tout bord. Plus tard, Jean Yanne, Pierre Desproges, Coluche ne cessaient de se livrer à la provocation.

Dans l'ensemble, toutes ces attaques avaient pour objectif une libération: libération de l'obscurantisme religieux, du nationalisme mortifère, des lois liberticides, de la censure, de la marchandisation généralisée. Un objectif a été atteint: la quasi-disparition de la censure. Depuis des lustres, l'État n'intervient plus pour faire censurer des livres, des films ou des publications, et se contente de prendre des mesures de protection de la jeunesse.

Et maintenant?

Tout ce qui a été acquis pendant des siècles est aujourd'hui menacé, non plus par le pouvoir central, mais par les citoyens eux-mêmes, qui considèrent l'interdiction comme normale. La censure est réapparue, mais elle est désormais le fait des intellectuels, des journalistes, c'est-à-dire de ceux qui, autrefois, luttaient pour la liberté d'expression, et dont on s'attendrait à ce qu'ils la préservent. Et lorsque ce ne sont pas des intellectuels ou des journalistes, ce sont des associations religieuses, féministes, homosexuelles. L'exercice de la satire, de la critique n'est plus considéré comme normal ou souhaitable. On le ressent comme une agression intolérable. Certaines idées, certaines représentations qui ne se conforment pas aux exigences de ces groupes de pression doivent être éradiquées.

Pour ces activistes victimaires aux indignations sélectives, tout est désormais sous surveillance, non seulement les œuvres, mais les créateurs. Il n'y a pas de présomption d'innocence, pas de circonstances atténuantes, et ces juges impitoyables sont prêts à tout pour empêcher ceux qu'ils poursuivent de leur vindicte de travailler, d'exposer, de publier, de faire des rencontres. Comme l'écrivait Philippe Muray il y a quelques années déjà, en faisant référence au procureur qui avait fait condamner Baudelaire : « Le Pinard nouveau est arrivé. »

On pourrait s'attendre à ce que leur activisme rencontre une résistance, ou au moins l'indifférence des pouvoirs publics. C'est le contraire qui se passe. Le chantage victimaire fonctionne à plein : terrorisés à l'idée d'être accusés de racisme, d'homophobie, de sexisme, les politiques, les administratifs, les présidents d'université choisissent la lâcheté. De sorte que nous nous trouvons devant cette situation inédite, qui intéressera les historiens du futur: une société démocratique prise d'assaut par des militants dont l'action, menée au nom de la justice due aux minorités, s'apparente à des pratiques totalitaires. Contrairement aux militants politiques du xxe siècle, ils ne veulent pas de Grand Soir ni de dictature du prolétariat. Ils réclament droit, liberté d'expression, subventions publiques, soutien de l'État, justice impartiale, donc tous les avantages des sociétés démocratiques, mais pas pour leurs adversaires. Là, ni l'État de droit ni les libertés fondamentales ne jouent plus.

Certains esprits libres tentent de lutter contre ce phénomène en pleine expansion. Ce n'est pas facile, parce que les wokistes ont l'insulte aisée et le réflexe automatique de la réduction de l'adversaire au fascisme, de la même manière que les dissidents soviétiques ou chinois étaient traités de vipères lubriques, de valets du grand capital et d'agents de l'impérialisme. Les causes changent, qui se croient toujours aussi justes, pas les méthodes.

Ce n'est pas facile, parce qu'un simple mot non conforme à la doxa *woke* provoque des déchaînements en meute sur les réseaux sociaux, qui détruisent la réputation, et parfois la vie de la personne visée.

Ce n'est pas facile, parce que les autorités académiques, universitaires, politiques parfois, cèdent à la pression, ou encouragent officiellement ces discours.

Ce n'est pas facile, parce que beaucoup de grands medias s'alignent sans trop y réfléchir sur ces positions, convaincus que c'est le progrès et la démocratie, par exemple *France Inter*, *Libération*, *Mediapart* ou le *New York Times*.

Ce n'est pas facile, parce que les militants aiment intenter des procès, on l'a vu, entre cent autres exemples, avec ceux intentés à *Charlie Hebdo*, et plus récemment avec le procès inique intenté à Georges Bensoussan.

Ce n'est pas facile, parce qu'on tente d'opposer à un corps de doctrine qui se présente comme porteur de progrès et d'égalité, et qui s'enivre de sa propre radicalité, toujours séduisante, une réflexion empirique et mesurée.

Et ce n'est jamais facile, lorsqu'on tente d'être ouvert, critique, attentif, d'être renvoyé aux enfers de la pensée réactionnaire ou fasciste, parce qu'on ne croit pas sans examen que ce qu'on présente comme le progrès et la démocratie le soit réellement, ou le soit toujours.

L'idéal du progrès, le chantage au progrès sert beaucoup depuis le XIXe siècle, c'est devenu une espèce de mythe. Mythe qui a permis de faire passer toutes sortes de choses, les grands ensembles immobiliers, la Révolution culturelle, la méthode globale d'apprentissage de la lecture, les centres commerciaux, le fast-food, l'agriculture industrielle, la construction du chemin de fer Congo-Océan, et aujourd'hui l'écriture inclusive ou les salles de prière à l'université.

Beaucoup de choses essentielles ont été dites sur cette question depuis quelques années, par Georges Bensoussan, Pierre-André Taguieff, Laurent Bouvet, Boualem Sansal, Smaïn Laacher, Caroline Fourest, Nathalie Heinich, Claude

Habib, Pierre Valentin, Olivier Beaud, Élisabeth Roudinesco et par d'autres, de manière plus complète et plus savante. Il ne s'agit ici que de dresser un bilan, sous forme condensée, de plusieurs années au cours desquelles la liberté de penser, d'écrire, de parler a été sévèrement mise à mal. Beaucoup d'informations recueillies ici proviennent de ma propre expérience, et aussi des relevés effectués par l'Observatoire du décolonialisme, qui effectue un travail essentiel en cette matière[1].

On sera amené, dans le cours de cet ouvrage, à formuler quelques évidences, à rappeler des faits historiques bien connus. C'est que les militants identitaires fondent bien souvent leur action et leur réflexion sur une pensée simpliste à l'extrême, binaire, et sur une ignorance abyssale de l'histoire. Ils sont aussi le produit de l'inculture qui a gagné du terrain dans les pays occidentaux, jusque dans les classes dirigeantes. Une société sans mémoire est prête pour la tyrannie.

Enfin, je pense qu'il n'est pas inutile, sur un tel sujet, où l'on est vite étiqueté, de dire d'« où je parle », pour reprendre l'expression en usage dans les années 1970.

Je suis un mâle cisgenre, plus hétérosexuel tu meurs, blanc à n'en plus pouvoir. Cette qualité de dominant colonialiste hétéropatriarcal m'a d'ailleurs valu d'incontestables privilèges, comme d'échouer à être traduit aux États-Unis, où les éditeurs, a-t-on répondu à mes sollicitations, veulent surtout des femmes, des Noirs, des transgenres, des lesbiennes, si

1. Les traductions des textes anglo-saxons cités sont de ma main.

possible un mix de tout ça. Je suis très sérieux. C'est bien ce qui m'est arrivé.

J'ai trois enfants, dont deux métis. Ma famille est un joyeux panachage d'Auvergnats, d'Antillais, de Polonais, d'Arméniens et de Niçois. La famille de mes plus proches amis est un mix d'Auvergnats, d'Antillais, de Cambodgiens, et mon filleul est un handicapé mental d'origine brésilienne. Bref, la France ordinaire. Depuis que je suis entré à l'université, mon milieu, mon groupe d'amis sont constitués d'un mélange de Noirs, Blancs, lesbiennes, gays, Arabes, Juifs, trans, ce qui ne semble pas non plus très original dans la France d'aujourd'hui.

Ce mélange a bien sûr son intérêt, il est toujours enrichissant d'échanger sur ces questions, mais surtout personne ne s'identifie foncièrement à ces morceaux d'identité, personne ne brandit de panneau pour se définir. On n'y pense pas. On ne le voit même pas. Nous sommes semblables avant d'être différents. Nous échangeons en tant qu'êtres raisonnables et sensibles. Et j'ai été, nous avons été, éberlués d'abord, révoltés ensuite, de voir que par idéologie, certains avaient entrepris de casser cela, de nous assigner de façon grotesque à des genres, des sexualités, des couleurs censés être en guerre les uns contre les autres. D'où ce livre.

Big Brother

Les totalitarismes qui ont fait du XXe siècle le plus sanglant de l'histoire du monde, le plus coûteux en vies, le plus oppressif, ont utilisé des méthodes industrielles pour faire à grande échelle ce que les pires régimes autocratiques du passé n'ont réalisé que de manière artisanale. Ils l'ont fait au nom de la nation, de la pureté de la race, ou de la justice pour le prolétariat. Ces objectifs étaient tellement justes, tellement purs, qu'ils avaient pris la place de Dieu. Il était aussi incompréhensible de critiquer la ligne du parti dans la Chine de Mao ou le « père des peuples » dans l'URSS de Staline que de remettre en cause le caractère sacré de la doctrine chrétienne dans l'Europe médiévale. Celui qui le faisait était forcément un réprouvé poussé par des idées vicieuses.

Le totalitarisme ne consistait pas seulement en un contrôle généralisé de la société et de l'État, il était aussi une entreprise de contrôle des consciences. Comment concevoir qu'on puisse se révolter contre ce qui est bon et juste, sinon parce qu'on est mauvais, ou par une erreur d'interprétation qui exige une rééducation ? De même que le catholicisme, dans les grandes cérémonies d'expiation qu'étaient les exécutions capitales, mettait en scène l'amende honorable du coupable et la confession de ses crimes au seuil de la mort, les régimes totalitaires mettaient en scène les aveux des pseudo-coupables, leurs regrets, leur déclaration d'indéfectible amour au tyran, comme dans le procès de Moscou. Régenter les corps ne suffisait pas, il fallait montrer qu'on avait prise sur les consciences.

Les romans dystopiques, comme le *1984* d'Orwell, imaginaient un avenir fondé sur ce type de totalitarisme : un État centralisé surveillant et contraignant les citoyens, dans l'objectif d'une totale soumission. Or ce n'est pas ce qui s'est passé. Globalement, le totalitarisme a échoué, sauf peut-être en Chine, en Corée du Nord ou en Érythrée. (Les autres États totalitaires sont plutôt des théocraties musulmanes.) Ou plutôt, nous sommes confrontés à des tyrannies d'une tout autre nature.

Et pourtant, nos représentations ne collent pas avec cette réalité. Notre imaginaire politique a été modelé par le repoussoir de la tyrannie étatique, par toutes les analyses et les condamnations qui en ont été faites. Nous continuons à redouter l'État centralisé, à nous inquiéter de toutes les atteintes à la liberté dont il pourrait être coupable, à voir dans les mesures de sécurité l'ombre du totalitarisme. Cette inquiétude n'est pas sans raison, mais il est étrange de voir à quel point nous ne considérons pas d'autres empiètements, d'autres surveillances, bien plus efficaces, et qui n'ont rien d'étatique.

Le mythe de la surveillance totalitaire a un nom depuis *1984*: *Big Brother*. Mais le même citoyen d'un pays démocratique pour qui ce nom représente toute l'horreur d'un État qui a accès à tous les replis de votre intimité trouve amusant, et innocent, de livrer son corps, sa vie personnelle, les menus faits de son quotidien, ses opinions, aux réseaux sociaux, Facebook, Instagram, Twitter. C'est la perfection dans l'accomplissement de la tyrannie généralisée : aucune contrainte. Le citoyen a l'impression d'exercer sa liberté, il est content, c'est de lui-même qu'il se soumet à un *Big Brother* sans visage, sans nom, qu'il se met à nu sous les yeux d'une communauté illimitée et indéfinie.

Lui-même est une des incarnations localisées de ce tyran multiple : non seulement il est impatient de s'y soumettre, mais il exerce sa tyrannie sur les autres. Un mot de trop, une opinion non conforme, une bêtise, une photographie maladroite et c'est un déluge de menaces, d'insultes, de moqueries, de condamnations virulentes qui s'abat sur la brebis galeuse.

Et pourtant, dans la plupart des cas, la servitude volontaire, pour reprendre le titre d'un ouvrage d'Étienne de La Boétie, la soumission au regard des autres est telle que la brebis galeuse continuera de poster des textes ou des images sur les réseaux sociaux. Lesquels sont d'ailleurs légitimés par l'État, qui s'y soumet. Ministres et présidents s'expriment sur Twitter. Les réseaux sociaux sont considérés comme une forme d'expression dont il est indispensable de tenir compte, ils infléchissent la politique, ils sont systématiquement cités parmi les moyens d'information classiques. Ils font peur. Les journaux craignent leurs réactions. Il m'est arrivé de devoir édulcorer une chronique, sur le site d'un hebdomadaire d'information, au motif qu'elle serait comprise par les lecteurs traditionnels, éduqués, mais risquerait de susciter des réactions violentes chez des internautes toujours prêts à tomber sur tout ou n'importe quoi, sans s'informer ni lire. En d'autres termes, ce qui se profile, c'est la soumission à la tyrannie des incultes et des imbéciles.

Dans un régime démocratique, les réseaux sociaux sont la revanche du lumpenprolétariat. Jadis on lynchait des Noirs dans le sud des États-Unis, on tondait des femmes censées avoir collaboré avec l'occupant allemand, on allait hurler à mort devant la guillotine. Ce n'est plus possible. Mais les réseaux sociaux permettent à la populace de libérer ses instincts haineux et de demander la mort et la torture du coupable. Ils sont ce que les démagogues étaient à la démocratie athénienne : la caricature grimaçante et dangereuse de la liberté, tournant à l'oppression. Ce sont les démagogues du parti populaire qui ont obtenu la mort de Socrate, pour impiété. Le citoyen le plus inculte, le plus imprégné de préjugés, en mal de légitimité et de reconnaissance, a trouvé ce moyen d'éprouver son pouvoir, et de retrouver par là une estime de soi à bon compte : l'écrasement de l'autre, avec d'autant plus de plaisir et d'acharnement que cet autre est plus cultivé, ou qu'il se distingue par un certain accomplissement, quel qu'il soit.

Conscients de cette surveillance universelle, journalistes, artistes, politiques, intellectuels modèrent leurs propos, édulcorent leur pensée, par peur des conséquences. La démocratisation des moyens d'expression a pour premier résultat paradoxal de faire reculer la liberté d'expression. Par ailleurs, des enquêtes et des témoignages récents ont mis en évidence l'attitude de Facebook, dont les méthodes se rapprochent d'une politique d'emprise sur les consciences. Ajoutons à cela que les réseaux sociaux sont la première agence de censure : ils obéissent à des algorithmes aveugles et stupides et procèdent à une sorte de moralisation informatique. En fait de lutte contre la haine en meute, rien ne se passe : c'est Mila qui a été censurée pour harcèlement, après avoir reçu des milliers de messages ultra-violents et dégradants ! En 2018, Facebook a fermé un compte parce qu'il avait mis en ligne une photo de *L'Origine du Monde* de Courbet. En 2021, Twitter a supprimé un dessin de Charb qui moquait les religions catholique et musulmane.

On pourra objecter à ce portrait du wokisme en néo-totalitarisme que j'utilise les mêmes méthodes que celles que je lui reproche, c'est-à-dire traiter systématiquement de « fascistes » ses adversaires. Le parallèle n'est qu'apparent. Ce qui est défendu dans ce livre, c'est la possibilité d'exprimer une opinion, la liberté de débattre sans se faire insulter ni réduire à une position qui n'a rien à voir avec le débat. Le débat n'est pas fasciste. C'est l'inverse qui est vrai. Il y a une autre grande différence : ni moi, ni les personnes qui critiquent le wokisme, le racialisme, le décolonialisme ou la version intolérante du féminisme n'essaient à aucun moment de les priver de s'exprimer, de les mettre physiquement en danger, d'agir pour empêcher qu'ils reçoivent des prix ou des distinctions, ou pour leur faire perdre leur emploi, au contraire de ce qui se pratique dans ces mouvements. Enfin, troisième différence, je m'en prends aux idées, même s'il m'arrive de nommer ceux qui les défendent, jamais aux personnes.

Des causes détournées

C'est toujours au nom d'une cause juste, en tout cas considérée comme juste, que s'exercent les oppressions.

Défendre le Christ, protéger les pèlerins qui se rendaient à son tombeau, c'était une cause sainte, une cause juste. En tout cas elle l'était pour tout le monde dans l'Occident chrétien. Défendre la patrie, reprendre l'Alsace et la Lorraine arrachées à la France, c'était une cause juste. Mettre fin à l'exploitation de l'homme par l'homme, assurer la victoire du prolétariat, c'était une cause juste.

On a toutefois le droit de choisir ses causes, on a le droit de dire que certaines d'entre elles étaient de mauvaises causes, en dépit de l'assentiment unanime, du moins majoritaire qu'elles rencontraient. Ce qui fait, pour une grande partie, que ces causes nous paraissent aujourd'hui, en tout cas à la plupart des citoyens des sociétés démocratiques, des causes injustes, c'est qu'elles avaient recours à la violence, à la coercition, et qu'elles ont été à l'origine de millions de morts. C'est à cause de cette violence, de ce refus de toute critique et de cette emprise qu'ils entendaient exercer sur les consciences, que nous avons combattu le catholicisme et le nationalisme. C'est pour les mêmes raisons que les pays communistes nous sont apparus comme des repoussoirs.

Tel n'est pas le cas du féminisme, de l'antiracisme, des droits des minorités revendiquant leur homosexualité ou leur changement de genre, de l'écologie. Toutes ces causes sont justes et méritent d'être défendues.

C'est l'honneur des sociétés démocratiques que de chercher à avancer dans la voie de l'égalité homme-femme. La misogynie s'est pendant des siècles quasiment confondue avec le regard des hommes sur les femmes. C'est une forme de bêtise, une limite de la conscience qui entache parfois jusqu'aux plus belles œuvres littéraires. On peut avancer qu'on mesure le degré de développement humain d'une civilisation à la place qu'elle accorde aux femmes. Égalité devant la loi, égalité civile, égalité de salaire, égalité d'accès à l'emploi, partage des tâches et de l'éducation des enfants, fin de la réduction des femmes à un corps, à un objet désirable, répression sévère du harcèlement, du viol, des violences domestiques : tout cela n'est que justice, et doit devenir la règle. Par rapport à ce qu'était le sort des femmes avant la guerre, nous avons fait des progrès considérables. Il en reste à faire.

De même, il était indispensable et juste de faire en sorte que l'homosexualité et l'aspiration à un changement d'identité de genre sortent d'une marginalité honteuse, cessent d'être considérées comme des anomalies ou des perversions. Le mariage pour tous est en ce sens un magnifique progrès : c'est l'amour, ou en tout cas le consentement réciproque, qui doit être considéré comme la base du couple, non le genre. Il est vraiment réconfortant de voir comme les jeunes générations, celles qui ont entre 15 et 25 ans aujourd'hui, acceptent sans problème tous les choix sexuels : homosexualité, bisexualité, transgenre, etc. Les moqueries, le harcèlement ou les agressions qui auraient été de règle il y a un demi-siècle se sont raréfiés. Du moins en Occident, et dans certains milieux favorisés et éduqués.

Quant au racisme, il va de soi qu'il est à combattre sans indulgence et sans modération, dans toutes ses formes, qu'il s'agisse d'antisémitisme, de racisme à l'égard des Noirs, des Arabes, des Asiatiques…

On peut d'ailleurs tout à fait admettre que, l'oppression ayant été longue et impitoyable, le retour de bâton soit parfois un peu excessif. La gentillesse a rarement suffi à rétablir la justice et à obtenir des droits. Comment ne pas comprendre qu'une femme qui a subi, comme toutes les femmes, du harcèlement, des attouchements, des insultes, pour ne prendre que les attaques les moins lourdes, finisse par réagir avec violence, et ne supporte plus le moindre manquement ? Il ne s'agit plus de subir, d'essuyer les coups sans rien dire, mais de garder la tête haute et de ne pas tolérer ces abus.

Aujourd'hui, en Occident, hélas, on dépasse largement ce qu'on pourrait appeler un « excès compréhensible ». Ce sont les bases de la démocratie qui sont attaquées par des militants qui se réclament de ces causes, mais qui, au nom de la justice, finissent par les déconsidérer aux yeux d'une fraction croissante de la population, en particulier auprès de ceux les mieux disposés à faire avancer les choses. Les bases de la démocratie, c'est la liberté d'expression, la libre critique, l'impartialité de la justice, la présomption d'innocence, la citoyenneté pour tous, en dehors de toute question de genre, de race, de religion.

La philosophie du XVIIIe siècle et la Révolution française ont placé l'individu et ses droits au cœur du système démocratique, l'individu considéré comme tel, indépendamment de sa naissance, de sa richesse, de son origine, pour autant qu'il s'acquitte de ses devoirs envers son pays, c'est-à-dire qu'il participe, dans la mesure de ses moyens, à cette démocratie qui le protège. Tocqueville avait prophétisé la situation que vivent aujourd'hui nos démocraties, où l'intérêt commun est en train d'être détruit par l'enfermement des citoyens dans leurs cellules individuelles, familiales ou communautaires, à tel point que c'est l'idée même de citoyenneté, d'appartenance à un ensemble commun, qu'il s'appelle la France, ou l'Angleterre, ou le Canada, qui semble perdre toute signification.

À mesure que les inégalités se sont réduites, celles qui subsistent encore sont vécues comme insupportables. D'où la tentation, analysée par Tocqueville, de sacrifier les libertés sur l'autel de l'égalité. Et c'est ce qui est en train de se passer. De justes revendications se transforment, dans des excès militants désormais omniprésents, en égalitarisme despotique, non pas en relation avec le bien commun, avec l'amélioration de l'ensemble de la société, mais pour satisfaire tel ou tel groupe, pour qui la revendication identitaire prime sur le bien commun.

Bien entendu, les médias bien-pensants, au premier rang desquels *Libération* et *Le Monde*, se livrent à une compétition dans le déni. Prenons par exemple cet éditorial de Philippe Bernard, dans *Le Monde* du 4 décembre 2021 :

> Ce que dit cet « anti-wokisme » de la droite française est, en revanche, assez clair : la volonté de substituer le combat identitaire aux luttes sociales, le refus d'admettre la réalité des discriminations [...] Le haro sur le *woke* dit aussi la rage de voir exhumée, surtout par des descendants d'immigrés, des pages accablantes de l'histoire nationale ; la hantise d'une France métissée.

Difficile d'accumuler autant de bêtises et de mensonges en quelques lignes. Le refus de ces discours *woke* n'est en aucun cas l'exclusivité de la droite (argument désormais ranci), mais aussi de gens de gauche atterré de cette dérive identitaire. Et c'est précisément cet identitarisme qui se substitue aux luttes sociales ! Merveilleux procédé d'inversion du tort. La France métissée, il n'en est plus question dans le wokisme, Philippe Bernard devrait se tenir au courant : chaque race et chaque sexe sont tenus de vivre séparés désormais. Et il semble ignorer le sort des artistes et des intellectuels tout à fait progressistes persécutés et renvoyés par cette idéologie identitaire. Quant à l'éradication de la culture, pas un mot dessus, la culture, ça n'est pas important.

Militantisme de confort

Le féminisme radical, le militantisme LGBTQ, le décolonialisme déchaîné, l'écologisme en folie arrangent bien les maîtres du monde. Pendant qu'on s'occupe de ça, qui devient l'essentiel du militantisme, on ne pense plus la pauvreté, l'absence d'ascension sociale, l'école en panne, la ruine de l'université, la recherche étouffée par la bureaucratie, la misère des petits agriculteurs, les difficultés des artisans, les salaires de misère, l'hôpital en déshérence. Et arrangent bien les grandes entreprises dont les marques de luxe adorent s'acheter une vertu en utilisant cette mode du *woke* dans leur communication. Valentino fait sa publicité avec Rokhaya Diallo, et Louboutin avec Assa Traoré. En révolte, et femme-sandwich du luxe. Je doute que jadis,

Arlette Laguiller se fût affichée en Louboutin et Chanel pour représenter les damnés de la terre.

Aux États-Unis, Nike, Walmart, Coca-Cola se précipitent pour afficher leur solidarité avec les mouvements noirs, Nike produit un hijab permettant de faire du sport, la fondation Bill Gates soutient le racialisme. Bref, ces rébellions sont bien intégrées au système, d'autant mieux qu'elles permettent de détourner l'attention des questions socio-économiques.

Il faut aussi remarquer que ces discours, qui ne sont plus seulement revendicatifs, mais intolérants, et c'est bien ce qu'on leur reproche, ont au moins une guerre de retard, et un continent de décalage. C'est parce que nous vivons dans des sociétés libres qu'ils sont libres de remettre en cause la liberté d'expression, et de crier partout qu'ils sont opprimés. Ils s'intéressent peu, dans leurs analyses, aux innombrables tyrannies où femmes, homosexuels, ethnies minoritaires, religions minoritaires sont brutalement persécutés.

Les militants identitaires ne cessent d'exiger que l'on décolonise les esprits, un peu comme dans les régimes totalitaires marxistes, où il fallait éradiquer l'idéologie bourgeoise des cerveaux. La gauche n'apprend pas, hélas. Oui, bien sûr, les esprits, en Europe, ont été marqués par des représentations colonialistes et racistes. Depuis plus d'un demi-siècle, ce n'est plus le cas. C'est même l'inverse : on ne voit, on n'entend plus que l'empressement des médias, des pouvoirs publics, de la publicité à se montrer impeccables en la matière, à afficher leur respect de la diversité. On ne voit, on n'entend plus que les militants décolonialistes, s'acharnant sur un ennemi fantomatique. Comme le colonialisme pur et dur leur manque cruellement, ils en sont réduits à l'inventer, à transformer d'infimes détails en monstrueuses agressions qu'aucune expiation ne saurait faire oublier. C'est il y a deux ou trois générations qu'il fallait être en colère.

On assiste aujourd'hui au spectacle un peu ridicule d'une énorme mobilisation, d'une colère violente, s'attaquant à des peccadilles. À des militants, l'air grave, parlant d'oppressions terribles dans une région du monde qui est à peu près la seule à ne pas vivre sous une tyrannie. À des colloques ou à des débats où tout le monde est d'accord et ressasse les mêmes analyses « intersectionnelles ». Étrange sentiment de voir une mobilisation d'autant plus forte que le problème est moins vif. Ce n'est pourtant pas si étonnant. Il est plus facile de se dresser en libérateur quand c'est sans risque, dans un pays libre, et quand les valeurs qu'on défend en se donnant l'air d'être rebelle sont désormais dominantes.

Le « fascisme » sans cesse évoqué se montre ici très utile : dans une situation qui pourrait paraître trop confortable, il joue le rôle du danger terrible, du loup-garou dont on évoque en tremblant les terribles forfaits. Contes des temps anciens, à l'usage des enfants. Et c'est bien l'image qui vient souvent à l'esprit en voyant trépigner de rage les militants identitaires dans les pays riches : enfants gâtés qui réclament toujours plus en faisant leur colère quand on ne leur cède pas, petits privilégiés qui traitent papa de sale bourgeois tout en lui extorquant des sous et les clés de la Maserati.

De même qu'ils ont une époque de retard, les militants identitaires ont toujours l'air de se tromper de lieu. Juliet Drouar proclame que naître femme ou homme, c'est naître marqué du signe « dominant » et « victime ». Il en conclut que la distinction est à effacer. C'est de l'analyse à la truelle, mais supposons que cette assertion soit vraie. Est-elle toujours exacte, sans différences suivant les pays, l'origine, la classe sociale ? En France, on est en droit de douter qu'une femme de la bourgeoisie, éduquée, se considère comme victime, sauf cas particuliers. En Iran, cette assertion a des chances de se rapprocher de la vérité, et c'est, à l'inverse, n'être pas victime qui est l'exception, avec toujours de notables différences sociales. Mais il est beaucoup plus confortable, même si c'est beaucoup moins pertinent, de tenir ce discours à Paris qu'à Téhéran ou Riyad. En Inde, au Pakistan, en Syrie, en Égypte, la situation des femmes est tragique, mais c'est la société européenne qui est vouée aux gémonies, en toute tranquillité.

Identité contre liberté

Ce qui est désormais rejeté par les identitaires de tout poil, c'est l'universalisme, le fait qu'il y ait des valeurs communes à tous les humains, qui se placent au-dessus des intérêts de tel ou tel groupe humain. Nathalie Heinich le définit parfaitement, dans un entretien à *Marianne* en 2021 :

> L'universalisme ne nie pas qu'il existe, factuellement, des différences de statut, ni des sentiments d'appartenance à un groupe, mais il vise leur dépassement, ou leur suspension dans le contexte d'exercice de la citoyenneté. L'universalisme n'est

donc rien d'autre qu'une visée à faire exister par l'action, la décision, la volonté commune – comme toute valeur. Il en va de même d'ailleurs de l'égalité, qui ne cesse pas d'être une valeur – c'est-à-dire un guide pour l'action – du fait qu'elle n'est pas entièrement réalisée. L'universalisme ne consiste donc pas à nier la réalité des affiliations locales (je suis bien d'une région, d'un milieu, d'un sexe, etc.) mais de leur associer la possibilité d'opter pour une affiliation plus générale (je suis aussi un citoyen français, un chercheur, ou simplement un être humain).

On accuse l'universalisme d'être un produit occidental, donc colonialiste, blanc – ce serait un aspect de la domination blanche. C'est en effet en Occident qu'il est apparu. Comme les droits de l'homme, la démocratie, le féminisme et la liberté d'expression. Faut-il donc rejeter tout cela en fonction de leur lieu d'apparition ? C'est un choix, en effet. Mais il faut l'assumer, complètement, et de manière cohérente. Les Indigènes de la République se situent à peu près sur cette ligne, qui est celle d'une tyrannie, sur des bases identitaires. Une autre attitude consiste à considérer que les civilisations humaines ont contribué pour certains de leurs accomplissements au bien commun de l'humanité, et à prendre ce qui est bon à prendre. Cela me paraît un peu plus positif, et un peu plus susceptible de favoriser l'épanouissement de la personne humaine.

Le militantisme identitaire se fonde sur le refus d'un certain déterminisme. Ainsi, pour les activistes trans, le sexe biologique ne doit pas être une détermination du genre. Le fait d'avoir un pénis n'entraîne pas nécessairement de se sentir homme. Pour les néo-féministes, le genre est une construction culturelle, pas une donnée naturelle. Ayant éliminé le biologique, c'est-à-dire le déterminisme naturel, on pourrait s'attendre à ce qu'ils jouissent de leur liberté retrouvée. Mais ils n'ont de cesse, s'étant libérés d'un déterminisme, de se soumettre à un autre : le monde sera désormais vu dans son ensemble à travers leur identité, les jugements de valeur seront des produits de leur identité, ils s'enferment en elle. *Le Génie lesbien*, ouvrage d'Alice Coffin, est caractéristique de cette attitude. Non seulement je suis lesbienne, mais le lesbianisme devient une grille pertinente de lecture du monde, une essence dont procèdent des productions spécifiques, un peu comme pour les penseurs déterministes du XIXe siècle, comme Taine, le « génie national » d'un pays constituait une essence particulière, colorant de manière identifiable sa littérature. Les alchimistes cherchaient à changer le plomb en or. Les militants *woke* ont trouvé la formule qui permet de changer l'or de la liberté en plomb identitaire.

L'hypothèse qui n'est jamais envisagée, c'est celle de la liberté. Autrefois, le fait d'avoir un vagin condamnait les femmes à rester à la maison, à s'occuper des enfants, à se montrer réservées, délicates et douces. Aujourd'hui, on exige d'elles qu'elles soient lesbiennes, ou qu'elles dénoncent la domination masculine, ou qu'elles pensent et sentent en femmes. Jamais tranquilles. De la même façon, un trans qui ne se reconnaît pas dans les pratiques des mouvements trans sera vilipendé, une policière d'origine maghrébine qui déclare qu'elle n'a jamais été victime de racisme sera traitée, c'est arrivé naguère, d'« Arabe de service », un Noir qui ne se sent pas si mal en France sera traité de « bounty » : apparence noire, cœur blanc. Quant aux Arabes, il va de soi qu'ils sont censés être tous musulmans ; car l'insulte, l'humiliation, le refus de reconnaître une certaine liberté par rapport à ce qu'on est, l'assignation forcée sont caractéristiques du wokisme.

Genre, race, lesbianisme, queer, transsexualité envahissent le champ des sciences humaines et sociales, et les études qui les concernent prétendent au statut de science. Jusqu'à présent, le savoir se fondait sur un effort de détachement du savant par rapport à son objet de recherche. C'est l'esprit humain qu'il mettait en action, de la manière la plus indépendante possible par rapport à ses caractéristiques personnelles. On progresse difficilement en physique quantique si on considère les particules selon le lesbianisme ou le fait d'être Corse. Or, de plus en plus, c'est à partir du fait d'être lesbienne, c'est à partir de son expérience intime qu'on prétend construire une science sociale, par exemple. Et, comme on le verra, cette prétention à un identitarisme de la connaissance ne se cantonne pas aux sciences sociales, mais envahit les sciences « dures ». Il y a quelque chose de puéril dans cette incapacité à sortir de soi, et à prétendre ramener le monde à soi.

Judiciarisation

La judiciarisation de la société fait que diverses associations convoquent régulièrement des journaux ou des personnes privées devant les tribunaux pour des propos considérés comme racistes, par exemple. Ce peut être pour de bonnes raisons, mais souvent pour de très mauvaises. Georges Bensoussan a ainsi été accusé de racisme, parce qu'il avait dénoncé la transmission de l'antisémitisme dans les familles arabes. Cela a commencé par une pétition sur Mediapart, signée entre autres par Alain Gresh et Laurence de Cock. Il a dû en répondre devant un tribunal, attaqué par le Collectif contre l'islamophobie en France (CCIF) – organisation islamiste depuis interdite en raison de sa radicalité – mais aussi également par la Licra et la Ligue des droits de l'Homme, qui ont dévoyé leur combat dans cette affaire.

Pourtant, ce fait est décrit, identifié, reconnu, par des personnalités d'origine maghrébine comme Boualem Sansal ou Kamel Daoud, par un auteur de bande dessinée à moitié syrien, Riad Sattouf, qui montre la haine ordinaire du juif chez les Syriens, en particulier les enfants. Une amie qui enseignait en Algérie a entendu ses élèves lui dire que Hitler n'avait pas tué assez de juifs. Le sociologue Smaïn Laacher a écrit : « Cet antisémitisme, il est déjà déposé dans l'espace domestique. Il est dans l'espace domestique et il est quasi naturellement déposé sur la langue, déposé dans la langue. Une des insultes des parents à leurs enfants quand ils veulent les réprimander, il suffit de les traiter de Juif. Et ça, toutes les familles arabes le savent[2]. » Cela, même le site musulman Oumma le reconnaît !

Faut-il se voiler la face devant ce phénomène ? C'est aujourd'hui ce qui est exigé des militants identitaires, comme dans n'importe quel système totalitaire. Georges Bensoussan a été acquitté. Mais il a été durement éprouvé. La militante Laurence De Cock l'a poursuivi jusque dans son travail, après sa relaxe, exigeant qu'il renonce au séminaire qu'il organisait au Mémorial de la Shoah. Georges Bensoussan dénonce avec pertinence « un procès qui illustre les progrès d'une judiciarisation des rapports sociaux quand, comme ici, le procureur se substitue à l'historien et le tribunal à l'agora. Et pour finir une manipulation qui évoque les procès dans les systèmes communistes quand, à partir d'une phrase savamment triturée pour lui faire dire ce qu'elle ne dit pas (transformer la métaphore du lait maternel en transmission par le sang), et quand la généalogie (le culturel) est muée en génétique (le biologique) afin de mieux asseoir l'accusation de racisme[3] ».

Là est la dérive essentielle : dans le refus de la moindre critique, de la moindre discussion, considérés comme exorbitants. Discuter les pratiques ou les conceptions d'un groupe identitaire quelconque, sur certains points, est désormais reçu comme une agression réactionnaire.

Même après trois relaxes, intenter un procès pour racisme est en soi une technique efficace : un soupçon pèse toujours sur

2. Cité par Michel Laval, défenseur de Georges Bensoussan durant le procès de 2017.

3. *Le Figaro*, 22 septembre 2021.

l'accusé. Il est sali. Et comme la justice ne donne pas toujours raison à ceux qui font de mauvais procès, on finit par s'en passer. On rend justice soi-même, par des campagnes d'intimidation sur les réseaux sociaux. Pas besoin de condamnation : la dénonciation, dans la plupart des cas, implique sanction. Relaxé trois fois, Bensoussan a néanmoins été renvoyé par son employeur, le Mémorial de la Shoah. La présomption d'innocence n'existe plus. Combien de journalistes licenciés, d'écrivains qui perdent leur éditeur, de créateurs blacklistés, combien de personnes dont la vie publique, professionnelle, privée est détruite par une accusation sur les réseaux sociaux ? On en verra une série d'exemples. Telle est la nouvelle terreur identitaire, telle que nous allons la décrire ici. Elle reprend les procédés et les modes de pensée de toutes les terreurs. La nouveauté, c'est qu'elle n'est pas étatique, elle ne repose pas sur un appareil centralisé, mais sur des groupes et des associations. Elle n'a pas besoin de l'État, d'ailleurs. Elle obtient les résultats qu'elle souhaite en profitant de son abstention, ou bien souvent de sa complicité.

Disqualification du contradicteur

La pensée totalitaire a horreur du débat et de l'échange d'arguments. Elle détient une vérité absolue, un corps de doctrine qu'il est inadmissible de chercher à discuter ou à nuancer, dans la moindre de ses propositions. Remettre en question un point de la doctrine catholique était une hérésie, punissable de mort. Ne pas adhérer pleinement à la pensée de Mao était une déviance qui vous conduisait dans les camps de redressement. Tout était bon pour disqualifier le contradicteur. En URSS, on le chargeait de tous les crimes, espionnage, complot, entente avec l'étranger, trahison. Le fonctionnement intellectuel du wokisme, du décolonialisme et de toutes les crispations identitaires est le même. L'interlocuteur qui exprime un désaccord n'est pas quelqu'un avec qui l'on peut discuter, c'est un individu dont le système de pensée est mauvais, dont l'essence même est mauvaise. C'est normal, puisqu'il ose s'opposer à ce qui est donné comme justice, égalité, progrès.

Les moyens de disqualification de l'adversaire sont assez diversifiés. On peut, par exemple, essentialiser sa personne. La parole d'un Blanc hétérosexuel « cisgenre » est en soi inaudible. Tout ce qu'il pense est infecté, qu'il le veuille ou non. On expliquera à un Blanc qui se dit antiraciste qu'il le croit peut-être, mais qu'il est raciste *quand même.* Sa pensée est conditionnée par la domination blanche. La caractéristique de ce système de pensée, qui permet de faire l'économie du libre débat, c'est d'enfermer les gens dans leur identité. Plus question d'échange d'idées entre sujets tentant de s'élever au-dessus de leurs déterminations pour se placer sur le terrain de l'humain. Toute pensée est déterminée. Toute liberté est niée. Entre ces êtres étanches, il n'y a pas de communication. Tout ce qu'on attend, c'est la soumission, le consentement silencieux à toutes les revendications de toutes les identités, puisque c'est le progrès.

Deuxième forme de disqualification, devenue systématique : accuser le contradicteur d'être « fasciste ». C'est aussi vieux que le gauchisme. Cela a pris des inflexions diverses dans les dernières années, « faire le jeu de l'extrême-droite », « participer à la lepénisation des esprits », etc. Une variété plus récente : la « fachosphère ». La répétition *ad libitum* de cette accusation, à n'importe quel propos et sur n'importe quoi, a fini par la dévaluer tout à fait, de sorte qu'on se demande qui est encore capable de la prendre au sérieux.

George Orwell était un opposant décidé au colonialisme, au racisme, aux inégalités sociales, il a combattu en Espagne contre Franco. Mais il a rapidement vu à l'œuvre le totalitarisme stalinien et l'a dénoncé. Arthur Koestler a été militant communiste, arrêté en Espagne par les franquistes, mais il a dénoncé les procès de Moscou. Artur London a été communiste, a intégré les Brigades internationales en Espagne, a été militant clandestin en France, déporté à Mauthausen par les nazis, et a été victime des purges du parti communiste tchécoslovaque. Il a dénoncé le stalinisme. Ceux qui dénoncent le totalitarisme ne sont pas forcément des « réacs » ou des « fachos », comme voulait le faire croire le PC à l'époque, comme veulent le faire croire aujourd'hui l'Unef, La France insoumise, Terra Nova ou *Libération*. Issus du même bord, ils ont compris qu'on trahissait leurs idéaux, ils ont eu le courage de se remettre en question, et de remettre en question ce qui les avait menés à l'impasse.

Trois exemples intéressants : une responsable de l'Unef, Hafsa Askar, avait appelé à « gazer tous les Blancs, cette sous-race ». À l'occasion de l'incendie de Notre-Dame, elle se manifeste à nouveau en ces termes, dans une langue approximative : « jusqu'à les gens ils vont pleurer pour des bouts de bois wallah vs aimez trop l'identité française alors qu'on s'en balek objectivement c'est votre délire de petits Blancs. » Le syndicat qu'elle préside après son départ de l'Unef, la FSE, soutient les Palestiniens, c'est son droit, mais reproduit dans son message de soutien une affiche appelant à une « Palestine libre », « de la mer au Jourdain », avec le logo du FPLP, organisation criminelle, reconnue comme terroriste par l'Europe. Son message sur Notre-Dame ayant soulevé l'indignation générale, elle développe dans Mediapart une longue réponse, dans une langue très châtiée dont on peine à croire qu'elle est de la même main que celle qui a publié les autres messages. Pour l'essentiel, il s'agit de se poser en victime de la « fachosphère ». Il s'agit, dans tous ses aspects, d'un cas d'école.

Cas d'école, parce que cette haine de la culture et du patrimoine, exprimée dans une langue d'analphabète, vient d'une syndicaliste étudiante, qui devrait au contraire être sensible aux grands lieux culturels. Parce que c'est la culture française, son histoire, qui est rejetée par quelqu'un qui est français et ne se reconnaît pas dans cette culture. Parce que tout est rejeté sur le dos des « fascistes », alors qu'à l'évidence, ce sont pour la plupart des gens qui n'ont rien à voir avec cette idéologie qui ont été choqués par la bêtise agressive et la violence des propos de cette étudiante, susceptibles de révulser des personnes de tous bords politiques. Mais surtout, parce que le « fascisme » dont se plaint cette étudiante est ici vide de tout contenu.

Que doit-on craindre du fascisme ? Qu'il veuille éradiquer la culture et la mémoire, comme cette étudiante. Qu'il soit raciste, ce qu'est à l'évidence cette étudiante. Qu'il soit antisémite, ce qu'est le projet, porté par une organisation terroriste que soutient cette étudiante, d'anéantir Israël, ce qui implique d'exterminer les Juifs ou de les déporter en masse. Autrement dit, pour défendre un projet et des idées dont tout le contenu est typique du fascisme, voire du nazisme, elle accuse ceux qui critiquent sa pensée d'être fascistes.

Sonia Nour a été responsable de l'Unef avant d'être employée par la mairie de La Courneuve. Elle a qualifié le terroriste qui, à Marseille, a assassiné à coups de couteau deux jeunes femmes de « martyr » et relativisé l'importance qu'on a donné à ce meurtre, par rapport aux féminicides. Elle s'est défendue, bien sûr, en accusant la « fachosphère », comme si ses propos n'étaient pas susceptibles de révolter un citoyen démocrate. D'anciens de l'Unef l'ont soutenue en rappelant que Sonia Nour s'engageait contre les systèmes de domination, et faisait un lien salubre entre classe, race et genre – type de discours désormais obligatoire pour se voir attribuer un brevet de bonne pensée et d'innocence. Et, toujours prévisible, on s'en prenait à elle parce qu'elle était « racisée » – qualité qui semble donner l'autorisation de dire n'importe quoi. Le maire communiste de La Courneuve qui l'a suspendue a dû apprécier.

Islamophobie

Autre cas intéressant, et assez similaire, ce qui s'est passé à Sciences Po Grenoble. L'affaire est partie du fait que l'un des professeurs de Sciences Po ne considérait pas comme pertinent que l'on puisse mettre sur le même plan antisémitisme et islamophobie, ce qui était le projet de l'une de ses collègues. Les arguments ne manquent pas, en effet, pour refuser ce parallèle, voire le considérer comme obscène. L'antisémitisme a fait des ravages depuis le Moyen Âge, en Europe : ghettos, pogroms, exécutions. Il s'est lourdement aggravé au XIXe siècle, et a débouché sur l'extermination programmée des juifs d'Europe, enfants compris. Relancé dans les États musulmans par l'existence d'Israël, il a abouti à l'éradication des juifs hors des pays où ils vivaient depuis des siècles, et il y est devenu ordinaire.

L'« islamophobie » n'a tué personne en France. C'est le contraire qui se produit : l'accusation d'islamophobie tue. Cette accusation a abouti au massacre de *Charlie Hebdo*, à l'égorgement de Samuel Paty. En outre, c'est au nom de l'islam qu'on massacre des juifs en France, lors des meurtres de l'Hyper Cacher de Vincennes, lorsque Mohammed Merah a tué des enfants d'une école hébraïque de Toulouse, lorsque Mireille Knoll, rescapée de la Shoah, a été assassinée.

Les raisons pour refuser ce parallèle, qui ressemble à une égalisation, semblent donc solides. Il en va aussi d'un minimum de décence. Et il importe de rappeler qu'être juif n'est pas un choix. Être musulman est un choix. On peut cesser de l'être (à ceci près qu'en Islam, renoncer à être musulman est un crime punissable de mort[4]). C'est une opinion. Peut-on raisonnablement mettre sur le même plan critiquer une opinion et s'en prendre à l'origine ethnique de quelqu'un ?

En fait, c'est l'inverse qui s'est produit : le professeur qui discutait de ce parallèle a été dénoncé par des affiches où il était qualifié de « fasciste » et d'« islamophobe », ce qui apparaît à n'importe qui d'un peu sensé comme un monstrueux détournement. Parce que vous refusez la banalisation et la réduction de l'antisémitisme à une « phobie » comme une autre, vous êtes fasciste. Comme chez Orwell, les mots sont employés dans le sens contraire de ce qu'ils disent. En outre, la notion d'islamophobie est utilisée de façon systématique, non seulement pour disqualifier toute remise en cause de l'islam, mais pour disqualifier la remise en cause de l'islamophobie, ce qui forme un blocage parfait de toute discussion possible : qui considère que le terme d'« islamophobie » est abusif est par définition islamophobe. D'où l'action menée en 2018 par l'Unef, syndicat jadis laïque, voire anticlérical, en association avec la Licra et le Mrap, pour empêcher que l'on lise à l'université la lettre de Charb, *Lettre aux escrocs de l'islamophobie qui font le jeu des racistes*. Et ce après que Charb a été assassiné par des islamistes radicaux. Le spectacle avait déjà été annulé à Lille, il est dénoncé à Paris-Diderot, et un autre syndicat, Solidaires étudiant-e-s, estime que le débat qui suivra « consistera à remettre en cause la lutte contre les violences racistes islamophobes et la parole de leurs victimes ». Cela, donc, avant le débat ! Il faut que ni le spectacle, ni le

4. Voir le Coran, IV, 89.

débat n'aient lieu, puisqu'ils risqueraient, on ne sait jamais, de mettre en question un système de pensée – désormais, ce n'est plus la police de Pompidou qui traque les journalistes de *Charlie Hebdo* (et les étudiants gauchistes), ce sont des syndicats étudiants « de gauche ». Monde merveilleux.

L'Unef, qui avait déploré officiellement l'assassinat sauvage de Samuel Paty au nom d'Allah (s'il ne lui était rien arrivé, le syndicat l'aurait taxé d'islamophobie), relaie quelques mois plus tard, par sa section de Grenoble, l'accusation d'islamophobie portée sur les deux professeurs de Sciences Po. « L'islamophobie tue », déclare l'Unef, sans reculer devant l'énorme obscénité de la proposition, car c'est à l'inverse l'accusation d'islamophobie qui tue en France, toujours, et ce sont les gens qu'accuse ainsi le syndicat qui, du coup, risquent leur vie.

Même si le syndicat s'est ensuite désolidarisé de sa section locale, c'est assez caractéristique des formes monstrueuses de la violence sans complexe de l'idéologie identitaire, quelle que soit l'identité qu'elle défende. On se plaint des « fascistes », deux professeurs qui ont le tort d'avoir des opinions non conformes à celles que défend l'Unef, et on ne craint pas une seconde de mettre leur vie en danger.

Les fascistes, dans l'histoire européenne, ont représenté un danger majeur, et ont donné lieu à des dictatures épouvantables. Imaginons des gens revêtus de chemises brunes, intolérants, fanatiques, violents, ennemis de la liberté d'expression, réduisant les femmes à la soumission, commettant régulièrement des meurtres d'innocents et des attentats sanglants pour défendre leur cause, assassinant des enfants juifs, des journalistes, intimidant tous ceux qui leur résistent, cherchant à instaurer un État totalitaire : voilà bien le programme complet de ce qui nous terrifie dans le fascisme.

À présent, changez la chemise brune pour une barbe et une djellaba : par extraordinaire, il ne s'agit plus de fascisme. Bien au contraire, ils deviennent des victimes. Et ce sont ceux qui s'en inquiètent qui deviennent des fascistes ! Ce tour de passe-passe ne fait pas sourciller une seconde les idéologues et les militants de gauche. Pourquoi ? Le tour de passe-passe repose sur deux techniques très au point, à base d'extension et de sophisme.

Première technique : faire semblant de croire que les accusations contre l'islam politique, porteur en effet d'un projet totalitaire, visent *tous* les musulmans. C'est faux, cela n'est jamais le cas, sauf pour une minorité d'activistes d'extrême-droite, mais la technique est monnaie courante. La situation est complexe, car l'éventail est large, entre le terroriste qui a fait allégeance à Daech ou à Al-Qaïda, le croyant qui vit sa foi tout en respectant les lois de la République, et la personne d'origine maghrébine, turque ou sahélienne qui ne pratique pas ou est athée. Du noir au blanc, les nuances de gris sont subtiles, et nombreuses : il y a l'imam salafiste, il y a le croyant rigoriste qui impose le voile à sa femme, ses filles, ses sœurs, ne serre pas la main aux femmes et exige des heures réservées aux femmes dans les piscines et les salles de sport, il y a le collégien qui ne veut pas entendre parler de la Shoah et applaudit Mohammed Merah, il y a l'étudiante convaincue que le voile est sa liberté, etc. Refuser le terme piégé et abusif d'« islamophobie », c'est refuser que la critique d'une religion soit assimilée au rejet de toute cette variété de rapports à la croyance. C'est refuser aussi le système de ceux qui, en employant ce terme, entendent embrigader toute une catégorie de population, qu'elle le veuille ou non, au nom d'une identité religieuse.

La deuxième technique consiste en un glissement de sens, devenu très courant, et auquel se laissent prendre, hélas, bien des gens de bonne volonté, en particulier des jeunes. C'est à la fois une escroquerie intellectuelle et un délit contre l'intelligence : on fait passer la supposée « islamophobie » pour du racisme.

À supposer que cela soit avéré, c'est absurde : plusieurs ethnies représentées en France comptent des croyants musulmans : Arabes, Berbères, Turcs, Indiens, Pakistanais, Mahorais, Comoriens, Bambaras, Peuls, Dogons, Tchétchènes, Iraniens, sans parler des convertis issus de familles qui ne sont pas d'origine immigrée. Au pire, l'« islamophobie » pourrait recouvrir un sentiment de xénophobie, peu sympathique certes, mais qui n'a pas le fondement criminel du racisme.

Mais déclarer qu'une opinion (à supposer qu'il y ait bien « islamophobie ») en cache une autre, que l'islamophobie est un racisme, c'est un procès d'intention, lorsque rien ne l'indique. On pourrait tout aussi bien dire, à l'inverse, que ceux qui soutiennent le voile islamique, Alain Gresh, Pascal Boniface, Edwy Plenel, Emmanuel Todd, sont partisans de la charia. Un procès d'intention en vaut un autre. Comme d'habitude, on s'emploie à réduire toute opinion à du racisme, pour la décrédibiliser. Les musulmans, étant majoritairement issus de l'immigration, doivent être considérés comme des victimes fragiles (ce qui est insultant pour eux), donc intouchables.

Ce système de pensée est à la base du troisième moyen de disqualification de l'autre, qui consiste en l'invention de mots se terminant par -phobie. Ces mots sont très utiles. La « phobie » est une maladie, une peur irraisonnée qui ne repose sur rien, comme l'arachnophobie, l'agoraphobie ou la claustrophobie. Ce néologisme peut laisser penser que toute critique de l'islam, toute méfiance envers cette religion est une sorte de maladie de l'esprit, un rejet viscéral qui s'apparente au racisme. Il permet utilement de ranger la remise en question d'une religion parmi des systèmes de pensée agressifs et criminels, que l'on peut condamner en justice au même titre que l'incitation à la haine raciale.

Instrument favori de l'islam politique, le concept d'« islamophobie » a été utilisé à volonté par des associations radicales pour tenter de faire condamner des gens qui ont le simple tort de ne pas aimer les religions, et ne voient pas de raison impérative de faire une exception pour l'islam. C'est ainsi que le Collectif contre l'islamophobie en France, association aujourd'hui interdite pour sa complicité avec l'islam radical (pour ne donner qu'un exemple caricatural, après le meurtre à Toulouse de sept personnes juives dont trois enfants, son président avait tweeté sans complexe : « fin des tweets sur Toulouse pour d'autres VRAIS problèmes qui nous attendent », meilleure manière d'illustrer ce que représente l'anti-islamophobie), a attaqué pour islamophobie une journaliste, Isabelle Kersimon, qui avait déclaré, entre autres, que « islamophobie » était « un terme politique [...] destiné à faire plier la République sur l'émancipation des femmes, la laïcité et la liberté d'expression ». Bref il est clair que remettre en question la pertinence d'un terme n'est plus, pour les tenants de la tyrannie identitaire, un élément du débat, mais un délit à punir.

On peut enfin se demander en quoi le rejet global d'une religion serait une idée à proscrire. Dans une démocratie, au contraire de ce qui passe dans bien des dictatures et des théocraties dans le monde, la croyance religieuse est une opinion comme une autre. Chacun est libre de la rejeter, de la critiquer, de la moquer même. Ce que cherchent ceux qui soutiennent l'islam politique, qui joue sur la peur du racisme pour faire passer sa vision de la société, c'est la création d'un délit d'opinion. Il faut désormais prendre la notion frelatée d'« islamophobie » pour ce qu'elle est dans la réalité : un instrument d'intimidation, destiné à faire taire tous ceux qui ne sont pas dans la droite ligne identitaire.

Homophobie

Mais il n'y a pas que les islamistes et leurs complices pour instrumentaliser les mots en -phobie. C'est aussi le cas de certains activistes homosexuels ou transgenres. Toute discussion de leurs exigences, toute nuance, tout débat est systématiquement qualifié d'« homophobie ». Inutile de répondre qu'on ne l'est en rien, mais que certains points peuvent poser problèmes : selon la première technique de disqualification, on s'entendra dire qu'on l'est *quand même*, mais qu'on ne s'en rend pas compte.

Par exemple, si l'on est partisan du mariage homosexuel, et de la possibilité pour un couple homosexuel d'avoir des enfants (c'est mon cas) mais que l'on s'interroge sur les implications éthiques complexes de la gestation pour autrui (prêter son corps pour que l'enfant d'un autre, après insémination, s'y développe, puis le lui remettre et l'oublier, comme si la femme qui l'a porté neuf mois était étrangère à cet enfant), pas de discussion : on est traité d'homophobe. Ne pas tout accepter sans discussion équivaut désormais à une *phobie* quelconque, dans un détournement complet de la démocratie : défendre ses droits ne revient pas à exiger que soient acceptées sans discussion toutes les revendications.

C'est ce qui s'est passé lorsqu'un journaliste, Frédéric Martel, a pris l'initiative d'une pétition demandant le transfert au Panthéon des cendres de Verlaine et Rimbaud. Pourquoi pas, mais la famille s'y opposait, ainsi que la société des amis de Rimbaud, et de nombreux spécialistes des deux poètes ont opposé à cette idée des arguments qu'on ne peut pas rejeter à la légère : mépris des deux poètes pour les institutions officielles, récupération, association forcée de deux personnes qui n'avaient eu que d'éphémères relations, embrigadement dans une cause homosexuelle qui n'était pas la leur. Sans surprise, ceux qui avaient développé ces arguments se sont fait taxer d'homophobie par Frédéric Martel.

De même, une pétition signée par 1 800 personnalités, s'inspirant d'une déclaration du sympathique Geoffroy de Lagasnerie, a exigé que le prix Pétrarque attribué à Nathalie Heinich lui soit retiré, pour « homophobie ». Il lui est reproché d'être trop réactionnaire quant aux droits des homosexuels. Autrement dit, si l'on pense différemment, l'on n'a pas le droit à la reconnaissance intellectuelle.

Transphobie

Toute personne qui s'interroge sur les conséquences du changement de genre, en particulier sur les enfants, est taxée de transphobie, ce qui a de lourdes conséquences pour elle. Des campagnes organisées sur Internet lui empoisonnent l'existence, et visent, parfois avec succès, à l'exclure de la société.

Germaine Greer, une féministe historique, avait écrit dans *The Whole Woman* (1999) que les femmes trans n'étaient pas vraiment des femmes, et que c'était la misogynie qui poussait des gouvernements composés d'hommes à s'empresser de reconnaître et d'honorer les trans. Pour ce délit d'opinion, on l'a empêchée de prendre la parole, et le doctorat *honoris causa* de Cambridge ne lui a pas été remis.

Un article de *The Economist* du 16 octobre 2021 rapporte que des activistes trans exigent que l'on « vire » Kathleen Stock, professeur de philosophie à l'université du Sussex, en déclarant qu'ils « n'ont pas à débattre » avec quelqu'un qui « les met en danger ». La police lui a conseillé de ne pas retourner sur le campus, et si elle le fait, d'être accompagnée par des gardes du corps. Qui est en danger? C'est un véritable climat de terreur que cherchent à instaurer les militants identitaires. Pour délit d'opinion. En effet, Kathleen Stock a beau être féministe, lesbienne, avoir des idées plutôt progressistes, et exprimer sans détour son opposition à toute discrimination envers les trans, elle a eu le tort d'écrire dans un livre que le sexe biologique existe, et que dans des espaces ou des activités non mixtes, vestiaires, sport, prisons, on ne devrait pas admettre des hommes qui ont un sexe masculin mais qui se déclarent femmes.

Or, ce qui est caractéristique dans son cas, et qui nous menace en France, c'est qu'au lieu de la protéger, ses collègues l'ont accablée. En janvier 2021, 600 philosophes ont publié une lettre pour dénoncer sa « transphobie », et demander que ne lui soit pas remise une décoration. Un syndicat enseignant a déclaré soutenir l'action des étudiants trans, et réclamé une enquête sur la « transphobie institutionnelle » à l'université de Sussex (le même syndicat boycotte les universités israéliennes). Le syndicat a été soutenu par la députée travailliste en charge du droit des femmes. Selon Kathleen Stock, tout cela a mis fin de fait à sa carrière à l'université du Sussex. Fort heureusement, un groupe de trans a protesté contre l'action des étudiants, en déclarant que les droits des trans n'étaient dans cette affaire qu'un prétexte à un harcèlement injustifié.

On trouve là tous les éléments classiques de la terreur totalitariste identitaire: pression sur les institutions, demande de renvoi, exigence de retrait des distinctions et récompenses, utilisation d'un terme en -phobie qui permet de faire passer pour une extrémiste haineuse une personne plutôt ouverte, tolérante, voire favorable aux droits des minorités, et qui transforme une opinion en délit, refus de toute discussion, victimisation qui met en avant une supposée « mise en danger », un supposé « manque de sécurité », et en qualification de toute réserve émise à propos d'une exigence d'atteinte intolérable aux droits. Et souvent ça fonctionne, la personne incriminée est bel et bien renvoyée, voire condamnée en justice.

C'est ce qui est arrivé à Maya Forstater. Elle travaillait dans un organisme de lutte contre les inégalités en Grande-Bretagne, ce qui en fait selon toute vraisemblance une fasciste potentielle. Tout en reconnaissant le droit de chacun à changer de sexe, elle s'est opposée à un projet qui devait permettre à toute personne de choisir son genre indépendamment de son sexe, sans chirurgie ni traitement hormonal. Les conséquences qu'elle craignait étaient qu'on puisse retrouver des hommes autoproclamés « femme » sans changement de sexe dans des espaces réservés aux femmes, toilettes, vestiaires, ce qui pouvait permettre certains abus. Par exemple, la fouille au corps d'une femme par un homme qui se déclare femme et le devient par voie de conséquence, officiellement. Et ces craintes sont fondées : la fille d'un de mes amis est partie dans un camp de vacances aux États-Unis. Dans ce pays, on change de sexe sur simple déclaration, et celui qui trouverait cela excessif est taxé de transphobie. Elle a été agressée dans des lieux réservés aux femmes par un homme qui s'était déclaré femme.

Maya Forstater a eu le tort de dire que « le sexe est un fait biologique et immuable », ce qui est vrai sur le plan de la génétique. Pour ce délit d'opinion, elle a été aussitôt licenciée. Comme si elle était un malfaiteur ou une militante nazie. Elle a intenté un procès à son employeur, mais a été déboutée, au motif que son opinion était « offensante » et « incompatible avec la dignité humaine ». Et voilà comment la tentative de soulever un problème issu de certaines exigences militantes, susceptibles de créer des situations compliquées, vous fait perdre votre travail et vous fait considérer comme une ennemie de la dignité humaine. Avec la complicité de l'État, de la société civile et de la justice, l'idée de « transphobie » permet d'instaurer la tyrannie[5].

On pourrait imaginer qu'on puisse discuter certains points que les militants les plus actifs et les plus violents considèrent comme non négociables. Par exemple, que le désir de changement de genre d'un enfant avant la puberté peut être un vrai désir résultat d'un vrai trouble de l'identité, mais qu'il peut aussi, dans bien des cas, être le résultat d'une incertitude ou d'un malaise quant à la sexualité – malaise qui touche la plupart des adolescents –, ou d'un désir imaginaire amplifié et orienté par les médias et les réseaux sociaux. On pourrait surseoir, le temps que la décision s'affirme, et ce serait à l'adulte, à partir de 18 ans, de s'engager en toute connaissance de cause dans un traitement lourd, comme la prise d'inhibiteur d'hormones. Eh bien non. Transphobie. Le chantage à la -phobie est le même, qu'il s'agisse d'islam ou de genre : il sert à empêcher la réflexion.

5. Voir la relation détaillée de cette affaire dans l'excellent ouvrage de Claude Habib, *La Question trans*, Gallimard, « Le Débat », 2021.

L'art n'est pas épargné. Terry Gilliam, cinéaste d'une inépuisable inventivité, et qu'on peut difficilement qualifier de vieux réac moisi, devait diriger une comédie musicale dans un théâtre londonien, The Old Vic. Sur pression du personnel, il a dû y renoncer. On imagine qu'il a commis des actes graves pour être ainsi interdit de travailler et d'exercer son art. Pas du tout. Il a commis un délit d'opinion. Il a recommandé le spectacle de Dave Chappelle, humoriste accusé d'avoir fait des blagues sur les transgenres (ce qui avait provoqué un arrêt de travail et une manifestation des salariés de Netflix ; faire des blagues, c'est indigne). Pour aggraver son cas, Gilliam s'est déclaré « fatigué que les hommes blancs soient accusés de tout ce qui ne va pas dans le monde ». Il n'avait pas le droit. Avait-il bien mesuré le caractère ignoble de ses propos ? L'atroce souffrance qu'il pouvait provoquer ? Un type comme ça ne peut pas diriger de mises en scènes.

Inutile de tenter de se rassurer en se disant que ces folies concernent surtout les exotiques Anglo-Saxons. Nous importons de plus en plus ces pratiques, cette idéologie, ce jargon. L'inénarrable Mélenchon propose que le droit de changer de genre (qui est effectif en France) soit inscrit dans la constitution. La constitution devient une sorte de brocante où les militants de tous bords tentent de recycler tous leurs rossignols, au gré des modes du moment. Elle risque de devenir plus longue que le Code civil.

Claude Habib recense, dans *La Question trans*, les inventions langagières sans fin qui, dans quelques lustres, paraîtront aux nouvelles générations affligeantes ou ridicules. Sans doute les deux : *menstruator* désigne une femme biologique dans les universités américaines ; en écho, l'Unef, en France, s'est félicitée de l'installation de distributeurs de serviettes périodiques dans les facs, victoire « pour les personnes menstruées ». Un groupe américain d'aide à l'avortement décide en 2014 de ne plus employer le mot « femme » pour les femmes enceintes, afin de ne pas créer d'exclusion pour les trans. Bref, une femme biologique n'est plus guère qu'une sous-espèce du genre féminin.

Au-delà du grotesque, ce délire lexical fait peur. Ce militantisme devenu fou tient à faire des mots un déni de réalité, comme cela s'est toujours pratiqué dans les régimes totalitaires. Et, de la même façon, toute personne qui n'emploie pas la langue sacerdotale obligatoire, toute personne qui commettrait le moindre faux pas sur un terme est aussitôt dénoncée comme hérétique et lynchée sur les réseaux.

Les médias, craignant toujours de ne pas paraître assez progressistes, s'empressent de défendre comme une avancée démocratique le succès des revendications trans, sans le moindre discernement. C'est ainsi qu'un journaliste de France Inter, radio de service public, se félicitait des progrès dans l'intégration des hommes trans dans les compétitions sportives, ou que la journaliste du *Monde*, Mélanie Guiraud, dans un article du 1er août 2021, réduit cette question à l'application du droit des minorités, en ne donnant la parole qu'à des athlètes trans, et pas aux athlètes femmes qui doivent concourir avec des sportifs qui sont encore physiquement des hommes.

Rappelons en outre que le CIO n'impose même pas aux athlètes trans une opération chirurgicale qui les rendrait pleinement hommes. Sans même prendre parti pour ou contre, on pourrait imaginer qu'une radio de service public ou un journal réputé sérieux comme *Le Monde* présentent au moins des éléments de réflexions contradictoires, sans tomber dans la doxa « progrès démocratique-droits des minorités », qui permet de faire passer tout et n'importe quoi sans discussion. Comme dans tout système de pensée tyrannique, la théorie prime sur le pragmatisme. Imaginons ce que peut être, pour une pratiquante de sport de combat, de se retrouver face à quelqu'un qui a une charpente d'homme ? Là, elle est physiquement en danger. Mais non, circulez, pas de problème, droit des minorités. Tout autre élément de réflexion est transphobe.

Progressiste hier, monstrueux aujourd'hui

Dans les années 1970, on s'est mis à penser, en toute bonne foi, que les enfants avaient le droit de vivre leur sexualité, donc de faire l'amour avec des adultes. C'était un progrès, une avancée démocratique, un développement des droits humains. Il fallait lever les interdits et les tabous. Tous ceux qui s'y opposaient étaient de vieux réactionnaires, des représentants de la morale bourgeoise. Aujourd'hui, faire subir des abus sexuels à des enfants conduit en prison, c'est ce qui est arrivé à Patrick Font. Même des quadragénaires qui ont entretenu des relations sexuelles avec des jeunes filles de 16 ans, qui étaient consentantes, comme l'a fait

Gabriel Matzneff avec Vanessa Springora, sont devenus des pestiférés, alors que le monde intellectuel et artistique les soutenait à l'époque. Vanessa Springora, et d'autres victimes de Matzneff, expliquent qu'on ne peut pas parler de consentement lorsque la jeune fille est sous l'emprise psychologique d'un adulte.

Mais si on considère que des enfants, ou des adolescents de 14 ou 15 ans, ne sont pas capables de choisir librement leur sexualité, qu'en réalité, dans leurs rapports sexuels avec des adultes, ils sont sous emprise, en revanche, on n'a aucun problème pour proclamer qu'ils peuvent, en toute conscience, libres de leur choix, décider de changer de sexe, et toute personne qui se risquera à émettre des réserves sera considéré comme transphobe, réactionnaire, etc. Comme si changer de sexe était plus simple, moins lourd qu'avoir des relations sexuelles. Comme si un enfant était libre de choisir dans un cas et pas dans l'autre. Décidément, les « progressistes » sont incapables de rien retenir de l'expérience et de l'histoire.

Aujourd'hui, trente ou quarante ans plus tard, les enfants abusés publient des livres pour condamner la permissivité et l'idéologie d'hier, qui les ont abandonnés, en toute bonne conscience, aux mains des prédateurs. Que diront, demain, les enfants d'aujourd'hui que la mode, l'idéologie, l'influence du groupe, des réseaux sociaux, la complaisance des parents et des institutions ont poussé au changement de sexe, à une époque où ils s'interrogeaient sur leur identité, leur sexualité, mais à qui on a répété qu'ils étaient libres, qu'ils avaient bien le droit de prendre des traitements chimiques et, plus tard, de se faire opérer ? On a affaire là à des actes bien plus irréversibles, bien plus traumatisants que la relation sexuelle de Vanessa Springora avec Gabriel Matzneff. Mais les militants identitaires ne s'arrêtent pas à ces détails. L'émission de France Inter, *Le téléphone sonne*, consacrée à la transsexualité des enfants, en novembre 2021, a reproduit sans état d'âme cette doxa, dans un débat à sens unique : les enfants sont les plus aptes à choisir ce qui les concerne. À réécouter dans trente ans !

Novlangue

L'État totalitaire d'Orwell avait créé une langue nouvelle pour formater les esprits, la *novlangue*. Le néo-totalitarisme non-étatique des militants identitaires a lui aussi créé sa langue, qui permet de développer et de crédibiliser la fiction qu'il a entrepris de substituer au réel. Les mots en -phobie en sont un des instruments les plus efficaces. Il manie aussi un lexique spécialisé, qui s'est substitué à la phraséologie marxiste de jadis : *invisibiliser*, *blanchité*, *femmage*, *intersectionnalité*, *menstruator*, *genré*, *transgenre*, *cisgenre*, *cisnormativité*, *non-binaire*, *décolonialisme*, *racisé*, *hétérocentrisme*, *occidentalocentrisme*, etc. Le fait d'employer ces mots savants, le fait qu'ils aient cours dans son milieu permet au militant de se convaincre qu'ils correspondent à une réalité. Il suffit d'en employer beaucoup, de citer des études qui s'en servent, pour se donner un air de grand sérieux, et créer du réel de synthèse par accumulation de références, ce qui est un des procédés favoris des universitaires qui brassent cette langue et prétendent à la scientificité :

> Nous développons ici la thèse que les transgressions de genre perpétrées par nos étudiant·e·s ont provoqué des réactions de sanction qui trahissent les attentes hétéronormatives d'une société où l'hétérosexualité est institutionnalisée. Les concepts d'« hétérogenre » et d'« hétéronormativité » font partie d'un corpus grandissant de littérature scientifique qui questionne l'hétérosexualité (Adkins et Merchant, 1996 ; Kitzinger, Wilkinson et Perkins, 1992 ; Maynard et Purvis, 1995 ; Richardson, 1996 ; Wilkinson et Kitzinger, 1994) (Voir Gilfoyle, Wilson et Brown (1993) pour une exception…) Les chercheur·e·s font notamment référence à l'hétéro-sensibilité (Epstein et Steinberg, 1995), à l'hégémonie hétérosexuelle (par exemple, Thompson, 1992), à l'hétéropatriarcat (Ramazanoglu, 1994), à l'hétérocentrisme (Kitzinger *et al.*, 1992), aux technologies de l'hétérosexualité (Gavey, 1993) et à l'imaginaire hétérosexuel (Ingraham, 1994)[6].

Ce déploiement d'une machinerie complexe aux allures savantes, les milliers de pages à peu près semblables produites depuis des années, sans trêve, par la théorie militante, servent en général à exterminer une ou deux mouches : il y a des dragueurs lourds et des parents qui n'aiment pas que leur fils ait l'air efféminé. La science avance.

La désignation des préférences sexuelles ou des identités de genre a donné lieu à la création d'un lexique spécialisé en

6. Joyce McCarl Nielsen *et al.*, « L'hétéronormativité genrée : exemples de la vie quotidienne », *Nouvelles questions féministes*, 2009, p. 91.

accroissement permanent, car il s'agit de nommer les plus fines distinctions, les plus subtiles nuances séparant telle ou telle identité, chacune pouvant ainsi exciper de sa toute fraîche différenciation pour revendiquer un traitement spécifique, des aménagements, des droits. On en est, pour le moment, à – je ne prétends pas à l'exhaustivité – lesbienne, gay, bisexuel, transgenre, en questionnement, queer, intersexe, bispirituel, asexuel, pansexuel, agenre, androgyne, fluide, allosexuel, non-binaire, intersexe, le tout résumé en LGBTQQIP2SAA. Attention, ce sont là aujourd'hui des questions essentielles. Quand les Ottomans assiégeaient Byzance, les théologiens byzantins n'avaient rien de plus urgent à faire que de débattre du sexe des anges. Le sexe des anges : c'est exactement cela.

Il ne s'agit pas seulement de créer des mots, mais aussi d'éradiquer de la langue les mots susceptibles d'occasionner d'atroces souffrances à certaines minorités. Il y a des termes qu'on ne peut plus prononcer sans être vilipendé, et sans que le locuteur soit pris d'un malaise qui nécessite l'intervention immédiate des secours. Je ne parle pas bien sûr des insultes raciales ou sexuelles à la papa : « sale pute », « sale pédé », « sale négro », etc. Nous n'en sommes plus là. La commissaire européenne à l'égalité, Helena Dalli, a élaboré un document diffusé en interne, un guide contenant des recommandations pour l'utilisation d'un langage plus « inclusif » (au passage, Helena Dalli s'est illustrée en s'affichant avec des jeunes proches des frères musulmans et en préparant une campagne présentant le voile islamique comme le signe d'une joyeuse diversité : « La beauté se trouve dans la diversité comme la liberté dans le hijab », « Apportez de la joie, acceptez le hijab »). Les Européens (attention : pas les *citoyens* européens, vous allez comprendre pourquoi) y sont priés de ne plus dire *Mesdames et messieurs*, trop cisgenre. Plus de *vacances de Noël*, pour ne pas vexer les non-chrétiens, mais *période des vacances* (je suppose que dans les pays musulmans, on ne dit plus *ramadan* mais *période du jeûne*, et que les muezzins mettent des sourdines pour ne pas troubler le sommeil des non-musulmans). On évitera aussi d'appeler sa fille Marie, ce qui est traumatisant pour les non-chrétiens, on préférera Malika (ce n'est pas une blague). Ne plus dire *coloniser Mars*, qui rappelle de fâcheux souvenirs, et ne plus parler de *citoyens*, cela blesserait les sans-papiers. Il n'est donc plus possible pour un Européen de se dire citoyen, ce qui indique assez clairement que l'obsession identitaire est désormais tout entière orientée vers l'autodestruction de l'Europe comme démocratie. Si l'on ajoute à cela que la Communauté européenne verse des centaines de millions d'euros à des organisations islamistes, dont European Muslim Network, fondé par Tariq Ramadan, ou Femyso, de tendance fondamentaliste et dont la présidente n'hésite pas à affirmer que « la plus grosse exportation de la France, c'est le racisme », on a une des raisons du rejet de l'Europe par beaucoup de Français.

L'écriture inclusive, avec ses « iel » et ses « racisé.e.s » est de plus en plus en usage, partout, à l'école, à l'université, dans les services administratifs. Cela en dépit des difficultés qu'elle ne manquera pas de créer chez des enfants qui ont déjà du mal avec l'apprentissage de l'orthographe, et qui ne pourront jamais réciter à l'oral un texte rédigé en inclusif. Cela confine d'ailleurs à l'absurde, tant l'inclusif vient perturber une langue dont l'orthographe est de moins en moins maîtrisée, jusque dans les professions intellectuelles. L'Unef produit des circulaires en écriture inclusive, contenant des fautes d'orthographe, en particulier des accords au féminin qui ne sont pas faits ! Et puis, essayez d'écrire de la poésie en inclusif, vous m'en direz des nouvelles. Incapable d'être oralisée, incapable de produire de la littérature, l'inclusif réduit la parole féministe à cette triste caricature : une langue bureaucratique.

Le langage est surveillé de près par les militants, avec ce problème que leur inculture leur fait tout mélanger. Savoureuse anecdote : Julien Bayou est le secrétaire général du parti Europe Écologie Les Verts. C'est un parti qui pense bien, plus féministe tu meurs, antiraciste à fond, bref, *woke* autant qu'on veut. Mais on ne se décrasse jamais de toutes les traces de domination blanche. Le malheureux Bayou déplore un « lynchage de policiers ». Heureusement, une éveillée veillait. N'écoutant que sa conscience, la réalisatrice Amandine Gay bondit : pour elle, Bayou est pris la main dans le sac. Elle déplore « la banalisation du terme "lynchage" et son usage par les personnes blanches », qui « conduit non seulement à effacer l'expérience et les souffrances des personnes noires, mais aussi à inverser la réalité », de sorte, n'ayons pas peur des mots, que Bayou « participe à un système de déshumanisation des Noir.e.s ». En parlant de lynchage de policiers. Lequel mot, « lynchage », n'a jamais désigné, ni à son origine, aux États-Unis, ni aujourd'hui, un traitement spécifiquement réservé aux Noirs, même s'ils en ont été les plus nombreuses victimes. Bien des Blancs, des Chinois ou des Latinos ont été lynchés. Ce genre de réaction, qui se multiplie, et qui est d'autant plus arrogante que le donneur de leçon manque de culture, sent bon son clergé, rempli de ses certitudes moralisantes et distributeur de pénitences.

Il n'empêche. Tout gluant de repentance, Julien Bayou se flagelle et se lacère, il est coupable, il demande humblement pardon, ses aveux et ses excuses pathétiques ressemblent à ceux des accusés des procès de Moscou, pleins de zèle pour reconnaître les charges les plus absurdes élaborées par les procureurs et remercier Staline. « J'entends que le terme lynchage n'est pas adapté pour une personne blanche », confesse-t-il, au mépris du sens des mots. Mais les mots n'ont plus de sens dans le système *woke*. Ils sont embrigadés, au service d'une cause. Et, de manière prévisible dans ce totalitarisme identitaire intériorisé, Bayou va jusqu'à demander sa rééducation idéologique et lexicale : « Je serais preneur d'un échange pour déterminer comment qualifier le fait qu'une foule s'en prenne à un policier, ce qui s'est malheureusement produit hier. » On est difficilement plus flasque.

On le voit, même ceux qui se figurent, en toute bonne foi être du bon côté, lutter contre l'injustice et les discriminations, sont susceptibles d'être convoqués devant le tribunal des inquisiteurs identitaires. Fonctionnement évocateur des partis d'extrême-gauche qui se fractionnaient en sectes et passaient leur temps à s'excommunier mutuellement, où du stalinisme et du maoïsme, qui pourchassaient sans pitié dans leurs propres rangs le moindre défaut d'alignement, aussitôt qualifié de « déviance bourgeoise », de « dérive droitière ».

L'art et la littérature moralisés

La littérature a mis longtemps à s'émanciper. À l'époque moderne, quelques procès littéraires retentissants ont montré l'absurdité qu'il y avait à vouloir lui imposer une respectabilité morale. Les réquisitoires du procureur Pinard contre la représentation de l'adultère dans *Madame Bovary* de Flaubert ou des poèmes à connotation érotique, jugés inconvenants, dans *Les Fleurs du Mal* de Baudelaire sont restés célèbres. Pinard ne faisait qu'exprimer la conception du Bien qui dominait dans la société du Second Empire. Il considérait que certaines scènes pouvaient choquer les lecteurs fragiles, les troubler, bref que la littérature pouvait faire du mal. Il n'avait pas tout à fait tort sur ce point. Mais enfin, on restait sur l'idée que la littérature devait avant tout donner des modèles, corriger les mœurs, instruire, édifier.

Au milieu du XIXe siècle, Théophile Gautier, Baudelaire, ont développé l'idée que la littérature devait être autonome. Elle n'avait pas de comptes à rendre à la morale de son époque, elle n'avait pas à être utile à quoi que ce soit ni à se proposer d'éduquer les lecteurs. Elle visait un idéal esthétique. Le Bien n'était pas son affaire, c'était le Beau, exclusivement. Certes, elle pouvait faire du Bien, au sens où un bel objet peut produire du Bien.

Au milieu du XXe siècle, on est allé plus loin. On a reconsidéré les relations de la littérature et du Mal, et ce fut en particulier le travail de Georges Bataille. Une réflexion s'est menée autour de la publication des œuvres de Sade, par exemple. Pourquoi Sade est-il un grand écrivain, alors qu'il prône ce qu'il y a de pire, qu'il insulte Dieu et se moque de la religion, instrumentalise le corps des autres, jouit de la souffrance de l'autre, dégrade l'humanité ? Et on pourrait en dire presque autant de certains textes de Mirabeau ou de Restif de La Bretonne.

C'est que la remise en cause radicale à laquelle se livre Sade des principes sur lesquels reposent toutes les communautés humaines nous oblige à les examiner, à les repenser, à leur donner un sens qui ne soit plus de pure convention. C'est que le Mal, dans notre expérience vécue, est la plupart du temps mélangé, équivoque, obscur. La littérature, du moins celle d'écrivains d'envergure, nous le fait apparaître nu, violemment découpé, plongeant ses racines dans l'histoire et la conscience humaine. La représentation du Mal en littérature peut certes le rendre séduisant, mais cette séduction même, lorsque nous en prenons conscience, est la meilleure garantie contre son pouvoir. Sans la littérature, nous ne saurions pas vraiment ce qu'il est, ni comment il est possible.

Notre époque moralisante remet en cause toutes ces avancées depuis un siècle et demi. Elle le fait aussi par ignorance, parce que la littérature ne nous nourrit plus, parce que les élites de ce pays, parce que ses étudiants, ses journalistes, et même ses enseignants, sont la plupart du temps incultes. Nous sommes revenus au temps du procureur Pinard, en 1857. Nous sommes revenus au XVIIe siècle, lorsque le parti des dévots cherchait à faire interdire le *Tartuffe* de Molière.

Ceux qui s'en prennent à la littérature aujourd'hui ont d'excellentes raisons pour cela : ils le font au nom de l'antiracisme, de l'antifascisme, du féminisme, de la cause noire, du décolonialisme, etc. Tout cela, oui, c'est le Bien. Mais ceux qui censuraient jadis le faisait aussi au nom du Bien ! La conception du Bien change selon les civilisations, les pays, les époques. Dans un siècle, elle aura changé, et on s'étonnera de cette offensive généralisée contre l'art au nom de la justice et de la morale.

La question n'est pas de nier le bien-fondé de l'antiracisme ou du féminisme. La question est de savoir si on peut, si on doit corriger l'art au nom de certaines valeurs. Car cela donnera, nécessairement, un art édulcoré, soumis aux représentations d'une époque. Or, si l'art a une fonction, c'est bien de nous permettre de prendre des distances avec nos représentations et nos valeurs, de rappeler que l'humain est toujours plus vaste que ce à quoi veut le réduire une époque, une religion, une théorie, une ligne politique.

L'ordre moral, c'était la droite, depuis le début de la Troisième République. Désormais, c'est la gauche. Un bon exemple de cette dérive moralisante de la gauche est la mésaventure d'Éric Chevillard, auteur plein d'humour, à qui le sexisme est tout à fait étranger. Il devait publier dans une revue orientée à l'extrême-gauche, *Vacarme*, qui se voulait « le fer de lance d'une politique des minorités », un texte où le narrateur se rêve en chat qui peut se frotter aux jambes des femmes et se glisser sous leurs jupes. Rêverie, on l'avouera, d'une obscénité inqualifiable, et offensante pour les femmes. Même un désir rêvé est coupable. Même un jeu humoristique sur les stéréotypes du désir masculin, ce que ce texte est à l'évidence, surtout quand on connaît un peu l'habitude de Chevillard de jouer avec les clichés. La revue justifie sa décision par le fait que certaines phrases décrivent « des comportements qui ne rendent pas le narrateur très sympathique ».

Eh oui, il y a des narrateurs peu sympathiques. C'est affreux. Humbert Humbert dans *Lolita*. Meursault, dans *L'Étranger*. Les épistoliers des *Liaisons dangereuses*. Le personnage éponyme du *Nain* de Pär Lagerkvist. La liste serait infinie. Désormais, les écrivains sont sommés, au nom des valeurs de gauche, d'avoir des narrateurs sympathiques. La revue *Vacarme* aurait refusé de publier Camus, dont le narrateur peu sympathique tue un Arabe.

En 2019, l'écrivaine Emma Becker publie *La Maison*, récit de son expérience de la prostitution en Allemagne. Rien dans cet ouvrage ne permettrait une condamnation en justice. Mais l'association Osez le féminisme ! s'oppose à sa venue à l'université de Grenoble en ces termes : « L'intervention d'Emma Becker auprès des jeunes est inacceptable ! [...] Promouvoir son livre le 14 novembre, sans donner d'éléments contextuels [...], c'est encenser la prostitution et le système prostitueur auprès du jeune public, qui est susceptible d'être la cible du lobby pro-prostitution. » Comme si les étudiants n'étaient pas assez mûrs pour juger des choix d'Emma Becker et les discuter. Son expérience n'est peut-être pas représentative, mais c'est son expérience, et ce qui est scandaleux, c'est de s'opposer à ce qu'elle la communique parce qu'elle ne correspond pas à ce qu'Osez le féminisme ! estime être la vérité. La littérature n'est pas une étude statistique, c'est le règne de la subjectivité. Par son action, c'est la littérature même que cette association condamne. Bref, pour ce féminisme dévoyé, la tolérance, il y a des maisons pour ça, comme disait Claudel. En fait, on voit mal la différence entre ce type d'action et celle de l'ancienne « Ligue pour la vertu », groupe de pression catholique américain qui dénonçait les films pouvant avoir une mauvaise influence sur les jeunes. C'est le même argumentaire.

La réponse est donnée à la question jadis posée : oui, il faut brûler Sade. Et Nabokov. Et Huysmans. Et… tout le monde, sauf la comtesse de Ségur. Non, même pas, il y a un peu de sado-masochisme chez elle. On se demande ce qui peut échapper à cette surveillance, le programme est à peu près complet. Produisons des œuvres morales et respectueuses.

La démarche vertueuse des wokistes fait irrésistiblement penser aux avertissements des curés d'autrefois, dont la *Théologie morale*, du cardinal Gousset (1844), donne un excellent résumé :

> Sont également coupables, ceux qui font, impriment, vendent ou prêtent des livres impudiques, obscènes, qui ne sont propres qu'à exciter ou à nourrir les passions ; tels sont la plupart des romans, des livres de galanterie. Ces livres sont extrêmement dangereux, surtout pour les jeunes gens. On doit par conséquent éloigner, autant que possible, de la lecture de ces sortes d'ouvrages, qu'on ne peut lire sans danger pour l'innocence, la vertu, les mœurs (p. 292).

L'art n'est pas épargné. L'artiste Di Rosa, qui avait réalisé une fresque à l'Assemblée nationale pour commémorer l'abolition de l'esclavage, s'est vu taxer de racisme, et son œuvre de « mur de la honte », au motif qu'il caricaturait les Noirs. Les deux dénonciateurs reconnaissaient pourtant que les grosses lèvres qui les choquaient figuraient sur tous les personnages de Di Rosa, quelle que soit leur couleur. Sans surprise, car il ne faut attendre aucune résistance des pouvoirs publics aux pressions, l'Assemblée nationale a supprimé l'image de son site. En 2017, une pétition est lancée pour que le Metropolitan Museum of Art retire *Thérèse rêvant*, de Balthus. Elle recueille 9 000 signatures. Une fresque représentant les travaux d'Hercule a été retirée d'un bâtiment officiel à Olympia, aux États-Unis, parce que Hercule a tué sa femme. La photographie d'un adolescent lynché a été attaquée par des militants noirs parce que le photographe n'était pas noir, et ils ont physiquement empêché les visiteurs de la regarder.

Naguère, l'artiste prétendait être un maudit, et considérait comme une sorte de devoir professionnel de se livrer à toutes sortes de transgressions et de provocations. On recherchait le scandale comme marque de légitimation, on se dépensait pour choquer le bourgeois. Tout cela est désormais loin de nous, même si le vocabulaire de la *rebellitude* perdure. L'artiste contemporain est tenu aujourd'hui de prendre toutes sortes de précautions. L'ère de la provocation tous azimuts est dépassée. Il sait qu'il y a toujours, quelque part, un militant de quelque chose prêt à lui tomber dessus pour racisme, islamophobie, machisme, pédophilie, transphobie ou n'importe quoi d'autre. Beaucoup d'entre eux, d'ailleurs, ont intégré les interdits. De sorte que la moralisation de l'art est à double sens : moralisé de l'extérieur, il entend lui-même être moralisant. Carole Talon-Hugon en donne un exemple significatif avec l'installation *Théâtre du monde* de Huang Yong Ping, en 2007, au centre Pompidou. Il s'agissait d'un vivarium rempli d'insectes. Cette œuvre a été attaquée, et supprimée, pour des raisons morales : elle aurait exploité la souffrance animale. Mais le commissaire d'exposition l'a défendue aussi pour des raisons morales (et quelque peu ridicules, au passage) : « L'œuvre de Huang Yong Ping a pour objet de symboliser de façon philosophique la nécessaire harmonie entre les races, les cultures, les religions [...]. Les insectes présentés dans le vivarium [...] apprennent pendant la durée de l'exposition à se tolérer et à organiser une vie sociale [...][7]. »

« Philosophie » à deux balles, symbolisme lourdingue, bons sentiments en gros sabots. On en revient à l'art du XVIIe censé délivrer un enseignement moral, mais en beaucoup plus pataud. Tout ça pour dire ça...

Désormais, quantité d'artistes, mais aussi d'écrivains, produisent des œuvres édifiantes, tout entières dédiées au Bien, comme si nous avions reculé de trois siècles. Carole Talon-Hugon en établit le recensement dans *L'Art sous contrôle* : polars féministes, fresques féministes de Barbara Kruger, tombereaux d'œuvres, de films décoloniaux, exposition au musée du quai Branly en 2016, sur les artistes

7. Cité par Carole Talon-Hugon, *Morales de l'art*, PUF, 2009, p. 171.

afro-américains et la ségrégation, entendant traiter « de la persistance flagrante du racisme », ouvrages de divers écrivains sur les migrants, exposition de Cattelan à la fondation Pinault de Venise sur les migrants morts en Méditerranée. N'oublions pas toutes les installations écologiques, sur le climat, la pléthore des œuvres intersectionnelles, militant en faveur de l'homosexualité ou de la transsexualité, inclusives, quotas ethniques au Centre dramatique national de Rouen, le tout soutenu et financé par les pouvoirs publics, dont le ministère de la Culture, qui a créé un service destiné à soutenir la représentation des minorités dans l'art. Bref, l'art désormais pense bien, dans une belle unanimité.

Certes, divers artistes, fidèles à la bonne vieille provocation (muséable et collectionnable) mettent en scène le Christ, ou la Vierge, ou le pape, dans des postures ridicules ou obscènes. C'est le cas de *Piss Christ*, de Serrano, ou de *La Nona Ora*, de Cattelan, qui montre Jean-Paul II écrasé par une météorite. Serrano a fait l'objet de menaces, et ses œuvres ont été vandalisées. Reste que les artistes contemporains savent bien qu'avec le christianisme, les risques demeurent limités. Aucun n'a le courage de jouer avec l'islam. Ils savent que c'est leur vie qui alors serait en jeu. À moins qu'ils ne craignent de passer pour racistes. Car aussi rebelles qu'ils se prétendent, les artistes, souvent, pensent bien comme il faut penser. D'autres ressentent douloureusement l'ambiance plombée qui règne désormais dans la création artistique, où il vaut mieux s'aligner sur une idéologie « inclusive ». Comme l'a déclaré Stéphane Pencréac'h qui a travaillé sur le Printemps arabe et les attentats islamistes en France, à propos de la réception de son exposition à l'Institut du monde arabe: « En France, l'art contemporain est entre les mains de réseaux officiels et préfère adopter des positions vagues, empreintes de moralisme, plutôt que de se comporter en miroir du réel. On m'a même accusé d'appropriation culturelle! » Il décrit « un paysage de plus en plus politiquement correct et animé d'une autocensure galopante[8] ».

Même si ce sont les activistes qui obtiennent des censures, nous ne sommes pas loin du ministère de la Vérité, d'une manière plus diffuse, par l'imprégnation de ces idées chez les présidents d'université, les directeurs de musée, les responsables éducatifs, les élus locaux, etc., soit qu'ils soient acquis à la *cancel culture*, soit que par lâcheté ils en appliquent les diktats. Comme le dit Carole Talon-Hugon dans un entretien accordé au *Point* en 2019, à propos de son ouvrage *L'Art sous contrôle*:

> Dans les années 2010, les procès faits aux photos de Larry Clark, à la pièce de Romeo Castellucci *Sur le concept du visage du fils de Dieu*, ou à l'exposition d'Henry-Claude Cousseau au CAPC de Bordeaux [...] avaient suscité une large vague d'indignation dans le monde de l'art. Or, ce même milieu et ses institutions sont étonnamment discrets face au développement des nouvelles formes de censures. Alors que les précédents ministères de la Culture avaient solennellement défendu des œuvres au nom de la création et des droits imprescriptibles de l'art, le silence du même ministère face aux affaires récentes est assourdissant autant que préoccupant...

8. *Transfuge*, n° 153, décembre 2021, p. 16.

Le cas Polanski

La confusion entre auteur et œuvre est devenue la règle, et le cinéma n'y échappe pas. Jean-Claude Brisseau a été condamné pour harcèlement sexuel. Il a mérité sa condamnation. *Les Inrockuptibles* et *Libération* ont fait peu de cas de la souffrance de ses victimes, sous prétexte que Brisseau était un artiste, comme si le fait d'être un artiste donnait des droits au harcèlement, qu'un plombier n'aurait pas. C'est comme homme, comme justiciable qu'il a été condamné.

En revanche, l'œuvre n'a pas à en subir les conséquences. Il arrive que de grands artistes soient des salauds. Mais la Cinémathèque française a dû annuler la rétrospective qui devait être consacrée au cinéaste. Et la mort n'amène pas le pardon : il n'a même pas été nommé parmi les artistes disparus durant la cérémonie des Césars qui a suivi son décès. Le militantisme identitaire ne se contente pas de la justice. Il vise l'effacement.

La présomption d'innocence n'existe même plus. Sous le prétexte qu'on a longtemps négligé la parole des femmes, ce qui est vrai, un accusé est considéré comme coupable, on peut sans remords détruire sa vie, lui faire perdre son emploi, le boycotter, censurer son œuvre. Comme si, dans l'atmosphère de dénonciation qui s'est instaurée, certaines personnes (certes minoritaires) ne pouvaient pas profiter de la situation pour mentir, mesurer leur pouvoir ou faire souffrir. La vérité des réseaux sociaux, dont on sait ce qu'elle vaut, passe avant la vérité judiciaire. De nombreuses femmes avocates s'en sont d'ailleurs alarmées.

Bizarrement, on ne reproche jamais à un écrivain d'avoir fait de la prison pour braquage, attentat ou meurtre. Cela semble même lui donner une certaine aura, comme ce fut le cas de Jean Genet, d'Henri Charrière, de Jack Thieuloy ou de Jack Henry Abbott, tueur encensé par le *New York Times*. Ce n'est que lorsque l'artiste commet un délit sexuel ou contrevient aux idées « de gauche » qu'il est attaqué. En gros, le meurtre, on s'en fiche (sauf s'il s'agit d'un « féminicide », bien sûr).

De soi-disant « féministes », Virginie Despentes, Adèle Haenel, Florence Foresti, protestent avec violence contre le César attribué à Polanski en 2020, parce qu'il a eu des rapports sexuels avec une mineure, des faits qui ont eu lieu quarante-trois auparavant, pour lesquels il a effectué un mois et demi de prison, que la victime lui a explicitement pardonnés, et qui seraient prescrits dans n'importe quel pays civilisé. L'analyse faite par la victime mérite d'ailleurs d'être citée, tant elle semble débusquer ce qui est à l'œuvre dans le comportement de ces procureurs improvisés : « Je n'ai jamais pu comprendre que tant de gens aient souhaité me voir aller mal. Comme s'il fallait que je sois détruite pour que leur colère et leur indignation aient un sens. [...] Avoir besoin qu'une victime ait mal pour sa propre satisfaction, son propre bénéfice, c'est une violence qui n'a rien à envier à une agression. »

La signification de l'inquisition à l'œuvre contre Polanski est que, si vous avez commis un délit, un crime dans votre jeunesse, vous devez être à perpétuité mis au ban de la société, vous n'avez plus le droit d'être artiste, de créer, de publier. Une œuvre n'a le droit d'exister que si elle est créée par des artistes au passé impeccable. Cette exorbitante exigence de vertu absolue fait d'une cause quelconque (féminisme, homosexualité, antiracisme) une sorte de religion dont les inquisiteurs passent leur temps à faire la chasse aux blasphémateurs, tout péché commis damnant le pécheur pour l'éternité. On a bien affaire là à une pensée de nature totalitaire.

Or, comme d'habitude dans ce genre d'affaire, l'indignation souffre d'étranges exceptions. Elle est, paradoxalement, d'autant plus incohérente qu'elle est despotique. Dans cette cérémonie de 2020, ce n'est pas le film de Roman Polanski qui a reçu le César du meilleur film, c'est celui de Ladj Ly, *Les Misérables*. Or Ladj Ly a été condamné à deux ans de prison ferme en 2012. Pourquoi ? Il a aidé à enlever et à molester un homme, pour avoir été l'amant de la sœur d'un de ses amis sénégalais. Lequel ami avait commencé par grièvement blesser sa sœur pour la punir d'avoir un amant. Pour des féministes, ce devrait être un scandale absolu. En outre, les faits remontent à dix ans, pas à quarante-trois. Et pourtant, aucune protestation d'Adèle Haenel, Florence Foresti ou Virginie Despentes. Étonnant.

En réalité, dans la logique identitaire des indignations, la chose était prévisible. L'agression patriarcale a été commise par des immigrés. Le leur reprocher serait alimenter le racisme et « faire le jeu de l'extrême-droite ». Ladj Ly est intouchable, car il est Noir et vient des banlieues. Il est donc, par essence, lui aussi, une victime, comme les femmes. On pourrait rétorquer à cela que Polanski est juif, qu'il a échappé de peu aux nazis, que sa famille est morte dans les camps de concentration, par conséquent l'immunité victimaire dont jouit Ladj Ly devrait jouer pour lui aussi, ô combien. Mais curieusement, pour les juifs, cela ne fonctionne pas aussi bien. La rhétorique victimaire tend à les placer du côté de l'oppression. Les juifs sont des Blancs riches, et ils sont assimilés à Israël, présenté comme un pays oppresseur et colonialiste.

Cette logique sous-jacente, en partie inconsciente, apparaît bien dans les déclarations d'Adèle Haenel. Elle déclare que Céline est son écrivain préféré. Elle fait donc la part entre l'homme, collaborateur des nazis, antisémite militant appelant à l'extermination des juifs, et le romancier. Mais elle refuse de le faire pour Polanski.

Même réaction significative chez Virginie Despentes. Elle s'emporte avec véhémence, dans une tribune, contre le prix attribué au *J'accuse* de Polanski. Après avoir considéré comme nul le contenu du film sur l'antisémitisme, elle considère que le prix attribué aux *Misérables* est aussi une humiliation pour les victimes, sans parvenir vraiment à expliquer pourquoi, et en faisant bien entendu l'impasse sur la violence misogyne extrême à laquelle le cinéaste s'est associé et pour laquelle il a été condamné, tout en clamant: « Vous convoquez sur la scène les corps les plus vulnérables de la salle, ceux dont on sait qu'ils risquent leur peau au moindre contrôle de police, et que si ça manque de meufs parmi eux, on voit bien que ça ne manque pas d'intelligence et on sait qu'ils savent à quel point le lien est direct entre l'impunité du violeur célébré ce soir-là et la situation du quartier où ils vivent. »

Le rapport n'est pas clair, mais c'est d'autant plus savoureux quand on connaît le sort des femmes dans ces

« quartiers », et qu'a illustré la condamnation de Ladj Ly : mariées de force, soumises à la loi du patriarcat, à la loi des frères qui veillent sur leur virginité, *putes* et violables si elles ne sont pas voilées. En tout cas, Despentes ne songe à aucun moment à avoir de l'empathie, à essayer de se mettre dans la tête d'un homme qui a perdu sa famille dans les camps, et vu sa femme enceinte massacrée par une secte.

Normal, dira-t-on, ce qui prime, c'est que les femmes sont victimes. On n'a pas à chercher des excuses. Or, à propos des tueurs de *Charlie Hebdo*, elle écrivait « j'ai été Charlie », sans développer, et :

> J'ai été aussi les gars qui entrent avec leurs armes. Ceux qui venaient de s'acheter une kalachnikov au marché noir et avaient décidé, à leur façon, la seule qui leur soit accessible, de mourir debout plutôt que vivre à genoux. J'ai aimé aussi ceux-là qui ont fait lever leurs victimes en leur demandant de décliner leur identité avant de viser au visage. J'ai aimé aussi leur désespoir. Leur façon de dire – vous ne voulez pas de moi, vous ne voulez pas me voir, vous pensez que je vais vivre ma vie accroupi dans un ghetto en supportant votre hostilité sans venir gêner votre semaine de shopping soldes ou votre partie de golf – je vais faire irruption dans vos putains de réalités que je hais parce que non seulement elles m'excluent mais en plus elles me mettent en taule et condamnent tous les miens au déshonneur d'une précarité de plomb.

Ce qui est, explicitement, accorder des circonstances atténuantes.

On peut tenter de comprendre et d'aimer des tueurs fanatiques qui viennent de massacrer une rédaction entière, et à l'Hyper Cacher de Vincennes des juifs parce qu'ils étaient juifs, mais pas un cinéaste juif qui a commis un crime sexiste il y a près d'un demi-siècle. Curieux.

La critique interdite

Notre époque exige du respect pour tout. La flatteuse dénomination de « respect » sert en réalité à couvrir une intolérance qui se généralise. On est tenu de « respecter » les convictions de chacun, ses croyances, ses réalisations, ce qui veut dire ne pas les critiquer. Car l'individualisation de nos sociétés est telle que désormais, l'individu se considère comme un tout indivisible : critiquer sa croyance, c'est l'offenser à titre personnel. Critiquer son œuvre, c'est s'en prendre à sa personne. Une œuvre n'est considérée que comme la manifestation d'une idiosyncrasie particulière. Ne pas l'aimer, et le dire, est l'équivalent d'une insulte.

Il n'y a plus de mouvements littéraires, la littérature n'est plus guère politisée. Ce qui se lit et se vend, du moins dans la littérature considérée comme exigeante et dont on parle dans les suppléments littéraires, ce sont les confessions, l'autofiction, les biographies plus ou moins romancées, autant de genres qui contribuent à entretenir la confusion entre auteur et personnage, entre artiste et œuvre : toute remise en question étant une offense. Inversement, si l'auteur a une vie qui ne correspond pas aux canons moraux en vigueur, c'est son œuvre qui sera condamnée ou boycottée.

La critique sans ménagement, la satire, le pamphlet ont toujours fait partie de la tradition littéraire et du débat esthétique. C'était déjà le cas dans la Grèce antique. Ne parlons même pas des pugilats autour de Corneille, de Molière, la querelle des Anciens et des Modernes, les batailles rangées à propos du romantisme, du naturalisme, du surréalisme, de l'existentialisme ou du nouveau roman. Or, à partir des années 1980, ces genres critiques ont quasiment disparu, et ce qui en restait était considéré avec suspicion. Ceux qui, comme Jean-Philippe Domecq et moi-même, s'y sont risqués à nouveau ont été traités de fascistes, de lepénistes, au mieux de réactionnaires, comme tous ceux qui ont risqué un débat sur la musique dodécaphonique ou l'art contemporain (ce fut le cas de Benoît Duteurtre dans *Le Monde*). L'idée étant que la satire ou le pamphlet manifestent une haine de la modernité, voire de l'art en général, typique de l'extrême-droite.

Et ça ne s'est pas arrêté là, la censure a tourné à plein. Non pas la censure d'État, mais celle, plus redoutable, des journaux, qui a l'avantage d'être invisible. Du jour au lendemain, pour une satire littéraire, je me suis vu éjecté des *Temps modernes*, de *Chronic'art*. Plusieurs revues et journaux ont renoncé à publier des articles sur mon travail, *Le Monde* a mis fin à son partenariat avec le festival de Bron parce que j'y étais invité. Tout cela, bien sûr, toujours justifié par le fait que s'en prendre à des écrivains ne peut être que le fait de l'extrême-droite, même si la chose est parfois insinuée plutôt qu'explicitement dite.

C'est ainsi qu'Edwy Plenel a pu écrire dans *Le Monde*, à propos d'une petite maison, L'Esprit des péninsules, qui publiait un livre, *La Littérature sans estomac*, dans lequel je critiquais son puissant journal, que ceux qui s'en prenaient au *Monde* étaient « des ennemis de la liberté et du métissage » ! Avec de tels ennemis de la liberté, on ne transige pas : on les censure. C'est bien normal. Ceux qui censurent sont les incarnations de la liberté, ceux qui sont censurés en sont les ennemis. Quant au « métissage », qui faisait partie à l'époque du lexique progressiste obligatoire, Plenel était mal tombé dans mon cas. Depuis, je sais ce que vaut la parole de Plenel, et ses prises de position ne m'étonnent guère.

Cette atmosphère de coercition, où toute critique d'un journal ou d'un écrivain est aussitôt écrasée sous les injures ou la censure, finit par susciter cet étrange paradoxe, que l'on ne cessera de retrouver sous toutes les formes et dans une grande variété de situation, dans la suite de cet ouvrage : la critique et la discussion argumentée sont fascistes, l'interdiction et le lynchage sont progressistes. Par un réflexe de défense, la « gauche » sape ses fondements mêmes, et se torpille dans l'esprit de ceux qui auraient pu être proches d'elle.

Mais ce dévoiement de la gauche, ou disons d'une idéologie de progrès, explique une grande partie des problèmes qui sont ici abordés. La critique, la satire, la caricature, quelle que soit l'idéologie qu'elles défendent, sont d'essence démocratique, l'interdiction de parler est de nature tyrannique. Progressivement, la population a été habituée à penser qu'on doit respecter toutes les opinions, que se livrer à une critique un peu combative, c'est chercher les ennuis.

C'est ainsi qu'on a assisté à des scènes surréalistes dans l'émission de Laurent Ruquier, *On n'est pas couché*, lorsque

Éric Naulleau y était chroniqueur. Ses critiques, souvent sévères, portaient exclusivement sur la valeur artistique des livres ou des disques qu'il commentait, en face de l'auteur. Mais, habitués à la promotion, déshabitués de la critique, incapables de l'admettre, les artistes réagissaient parfois avec agressivité, et l'on vit un chanteur « de gauche », Cali, répondre par l'insulte et la violence. Un de mes collègues universitaires, spécialiste reconnu de la littérature du xxe siècle, m'écrivit pour m'expliquer qu'il n'était pas possible, pas souhaitable de critiquer un roman contemporain, effaçant ainsi, sans complexe et sans remords, une traduction séculaire de batailles esthétiques, au profit d'une molle complaisance généralisée.

En revanche, si notre époque a du mal à critiquer les œuvres, elle semble n'avoir guère de problèmes pour les interdire, les censurer, les faire disparaître, ou mettre leurs auteurs à l'index, toujours avec les meilleures raisons du monde, des raisons progressistes, des raisons morales, des raisons justes. Comme toujours. Et aucune des bonnes âmes ne semble s'aviser que ce qui est vraiment progressiste, c'est la liberté de pensée et de parole, nécessaire condition de l'émancipation des consciences, et non pas une idéologie quelconque. Ces bonnes consciences ne semblent pas avoir encore compris les leçons de l'histoire, et que le Bien d'aujourd'hui est bien souvent le Mal de demain.

Les intellectuels censeurs

Annie Ernaux publie en septembre 2012 une tribune, signée par des dizaines d'artistes, d'écrivains, d'universitaires (dont Le Clézio), pour dénoncer *Éloge littéraire d'Anders Breivik*, de Richard Millet. On peut penser tout ce qu'on veut de ce livre, éventuellement que c'est une abomination (ce qui me semble très excessif, mais bon...). Mais Sade aussi, non ? Alors quoi ? Je croyais que la littérature pouvait charrier le Mal ? Non ? Ou alors il faut adopter la défense de Flaubert à son procès : je montre le Mal, mais c'est pour en décourager ? La littérature se doit de montrer toujours le Bon, le Vrai, le juste ? Qu'elle soit impeccablement morale, en quelque sorte.

Cette affaire est, à ma connaissance, le seul exemple d'un écrivain dénoncé par ses pairs dans une société démocratique, lesquels constituent un tribunal d'épuration, s'étonnent qu'il travaille dans une grande maison, obtiennent finalement son exclusion du comité de lecture. Il y a quelques lustres, c'était Soljenitsyne qu'on traitait ainsi. Il pensait mal. Il n'était pas du côté du progrès.

Il y avait eu le précédent Renaud Camus. Lui n'avait pas perdu sa place, mais son éditeur a été obligé de supprimer des passages de son journal, sous prétexte d'un antisémitisme plus que discutable, et alors même qu'il était défendu par des intellectuels juifs. Aucun de ces livres ne tombait sous le coup de la loi, aucun de ces livres n'a fait l'objet de poursuites juridiques. Des intellectuels et des artistes ont constitué le tribunal, rendu leur verdict, obtenu censure ou exclusion. C'est la gauche, paraît-il.

Aujourd'hui, ça continue, plus que jamais. Pendant des années on a pris à la légère la pédophilie revendiquée de Gabriel Matzneff. Et puis un jour, à l'occasion d'un témoignage publié des lustres après les faits, on s'est avisé que ce n'était pas bien. De fait, les agissements de l'individu Matzneff sont graves et susceptibles de lui valoir une condamnation en justice. Mais on a aussitôt retiré ses livres de la vente, il est du jour au lendemain devenu un paria de l'édition. Ce qui signifie qu'un salaud qui tient son journal ne doit en aucun cas avouer sa saloperie. Il doit se montrer en petit saint, et tout ira bien.

Mais c'est justement sa saloperie qui doit nous intéresser et nous instruire, par elle ou malgré elle. Ce n'est pas pour autant que l'on donne à la personne un brevet de bonne morale. Ici le moralisme se mêle de tartufferie, ce qui est un cas classique : cachez ce sein que je ne saurais voir ! Voilons-nous la face ! Et si la littérature consistait à montrer ce qu'on ne veut pas voir ? Et si un salaud pouvait aussi être un grand artiste ? Ou exige-t-on exclusivement des enfants de chœur ?

Ce fonctionnement a quelque ressemblance avec le mécanisme freudien du refoulement, qui a dû fonctionner à plein à l'époque moralisante du XIXe siècle, que les intellectuels de gauche nous font retrouver. On refuse de voir le Mal que nous présente la littérature. Ce faisant, on se prive des moyens de le connaître de l'intérieur, de lutter contre lui. Il fera retour avec d'autant plus de violence. On renonce à rééditer *Mein Kampf* ou les pamphlets de Céline. Comment prétendre connaitre le Mal, sinon par ceux qui l'ont fait, l'ont théorisé, l'ont exprimé ? À leurs mots, on peut toujours répondre par des mots, on peut analyser, critiquer, démonter. C'est précisément ce réflexe intellectuel qu'ont de moins en moins nos intellectuels ou activistes « progressistes ». Ils n'envisagent que l'interdiction, et la mise au ban du coupable.

Pour résumer la nouvelle situation du champ culturel : la littérature ne doit pas tout dire, et la critique ne peut pas tout se permettre. Et si on pariait sur l'inverse ? La littérature peut et doit tout dire, la critique peut et doit tout se permettre, par conséquent ? Hélas, c'est mal parti.

Geoffroy de Lagasnerie, Édouard Louis, Didier Eribon ont appelé au boycott des rencontres historiques de Bloy, au motif qu'un philosophe aussi modéré que Marcel Gauchet y prononce la conférence inaugurale. Pour eux, il ne faut pas discuter avec ses adversaires politiques, comme si Marcel Gauchet était un nazi. Lagasnerie est à l'initiative d'une pétition visant à faire retirer un prix à Nathalie Heinich, au motif qu'elle est « réactionnaire ». Aux yeux de ces gens, être réactionnaire, ou conservateur, est un crime. Geoffroy de Lagasnerie, qui se réclame de la gauche, a déclaré sans sourciller sur France Inter qu'il est favorable à des « censures dans l'espace public », afin que « les opinions justes prennent le pouvoir sur les opinions injustes », c'est-à-dire, en gros, celles qui ne sont pas les siennes. Or, la liberté d'expression est nécessairement la liberté des opinions qu'on ne partage pas. Sinon elle n'existe pas. Ce que formulait ainsi Lagasnerie, c'est ce qui se généralise aujourd'hui : la chasse est ouverte aux opinions injustes (considérées comme telles), aux représentations « choquantes », aux livres qui déplaisent et aux conférences avec lesquelles on n'est pas d'accord. C'est l'existence même du débat, constitutif d'une société démocratique, que l'on refuse.

Il y a eu un moment où des associations portaient plainte et traînaient devant la justice des auteurs, des artistes qui ne correspondaient pas à leur conception du Bien. Mais la justice ne condamne pas assez. Le crime ne lui apparaît pas toujours pendable. Alors, de plus en plus, au lieu de s'opposer à des mots par des mots, au lieu d'argumenter, on exerce des pressions, on intimide, on harcèle sur les réseaux sociaux, on boycotte, comme si on regrettait d'être en démocratie, comme si une liberté d'expression acquise au prix de siècles de combats pouvait être tranquillement abandonnée. La réponse d'Alice Coffin à Alain Finkielkraut, dans un échange publié par *L'Obs* le 30 septembre 2021, est symptomatique de la légèreté, de l'indifférence avec laquelle certains militants envisagent la fin des grands acquis démocratiques :

> Alain Finkielkraut – Le nouveau féminisme est au féminisme ce qu'étaient la Terreur et la loi des suspects à la *Déclaration des droits de l'homme.* Quand l'accusation suffit à déterminer la culpabilité, c'est la fin du monde.
> Alice Coffin – La fin d'un monde, peut-être.

Hébert n'aurait pas mieux dit, ni Staline.

Un métier nouveau est apparu dans l'édition, qui porte bien son nom : le *sensitivity reader.* Il vérifie que le livre ne blessera personne, qu'il est inclusif, pas trop hétéronormé, etc. En décembre 2020, *Les Inrockuptibles* ont recueilli les propos de certains d'entre eux, ou de leurs éditeurs :

Monstrograph, la petite maison d'édition tenue par Coline Pierré et Martin Page, qui a récemment fait un carton en publiant l'essai de Pauline Harmange *Moi les hommes, je les déteste*, a ainsi accueilli avec enthousiasme le désir de Lou Sarabadzic, autrice de *Poétique réjouissante du lubrifiant*, de faire relire son texte pour qu'il soit le plus inclusif possible. Le monde de l'édition est très uniforme, très privilégié, très blanc, très hétéro, très cisgenre. Leur avis est supposé objectif, alors que celui des minorités serait biaisé par leur expérience personnelle. Parce que le *sensitivity reading* est au final une aide pour les auteur·ice·s ne vivant pas les discriminations et oppressions sur lesquelles ils et elles écrivent. Or ce dont on a aussi besoin, c'est une diversité derrière la plume, et pas seulement dans les livres.

C'est curieux, moi qui connais des palanquées d'auteurs ou d'éditeurs homosexuels… Mon expérience est sans doute insuffisante. Je reconnais avoir rarement rencontré de personnes transgenres dans ce milieu. Il faut dire que les transgenres ne pullulent nulle part. Quoi qu'il en soit, le plus intéressant, dans ce passage, c'est que c'est l'autrice qui demande à être contrôlée. Même dans les démocraties populaires, les écrivains n'allaient pas jusqu'à demander un contrôle idéologique du commissaire politique pour ne pas risquer de blesser le prolétariat. La norme totalitaire est bien intégrée désormais.

L'idée est simplement de veiller à ce qu'il n'y ait pas de propos sexistes, racistes, homophobes ou validistes[9] dans un roman,

9. Dans le nouveau lexique militant, le « validisme » désigne le fait de stigmatiser les différences, en particulier les handicaps.

analyse-t-elle. Si des personnes estiment qu'une œuvre va perdre en qualité parce qu'il n'y a pas de propos discriminants dedans, on se demande quelle littérature ils défendent.

On ne saura pas si les « propos discriminants » sont ceux que l'auteur attribue à un personnage ou à un narrateur, pour faire ressortir sa mentalité. L'important est que la littérature soit propre. Le procédé est aussi vieux que l'Index ou la commission de censure. On vérifie que l'ouvrage est moral. Et puis on l'interdit, ou on le fait réécrire.

Les *sensivity readers* se rencontrent plutôt chez les petits éditeurs. Les grandes maisons d'édition disposent d'un service juridique, de plus en plus chatouilleux, qui veille à ce que le texte publié n'entraîne aucune action en justice, risque grandissant avec la judiciarisation généralisée de la société. Sans parler de la peur que font régner les réseaux sociaux : s'exposer à une campagne sur Internet fait hésiter bien des éditeurs.

Le nettoyage de la culture populaire

La culture populaire et enfantine est la première visée, à la fois parce qu'il faut éduquer les petits à une culture où rien ne dépasse, où rien ne dérange, et parce que les nouveaux censeurs sont souvent incultes. *Pépé le putois* ne peut plus être vu dans les dessins animés Looney Tunes, pour un épisode où il drague très lourdement une petite chatte. Anne-Sophie Coppin, dessinatrice française et déléguée générale de la fondation Panthéon-Sorbonne, considère que Pépé a « des comportements inadaptés » (c'est le moins qu'on puisse dire), et, sans être favorable à l'interdiction, aimerait qu'on le fasse évoluer dans le bon sens. Bref, il importe de rééduquer les personnages de bande dessinée.

Tout cela est dit avec un imperturbable sérieux, celui des bourgeois louis-philippards sentencieux, sans voir l'évidence : précisément, Pépé est le dragueur caricaturé dans son comportement typique, il est répugnant, mais il l'ignore et se croit irrésistible. Ce qui est sans doute la meilleure manière de ridiculiser ce type de comportement auprès des enfants. Mais ces sinistres donneurs de leçons ignorent tout de l'humour et du second degré. Ils préfèrent les pensums éducatifs. M. Prudhomme est de retour.

Il faut l'autorisation des parents pour voir sur Disney+ *Les Aristochats*, film « raciste ». D'après Disney, ce programme « fautif » « comprend des descriptions négatives et/ou des mauvais traitements de certains peuples ou cultures ». Il s'agit du chat siamois qui joue du piano avec des baguettes ! Quant à Dumbo, les corbeaux seraient, paraît-il, une caricature des Noirs. Si le message n'est pas assez choquant, il faut aller dénicher du racisme ou de la misogynie dans tout ce qui peut se prêter à une interprétation symbolique, même la plus hasardeuse.

Blanche-Neige, *La Belle au bois dormant* subissent la même inquisition, au motif que le baiser du Prince charmant est donné sans consentement. Voilà donc une représentation sexiste susceptible de donner de mauvaises idées aux enfants.

Il faut d'abord préciser que c'est chez Disney qu'il y a baiser. Chez Perrault et chez les frères Grimm, nulle trace. Dans une version plus ancienne de *La Belle au bois dormant*, en revanche, celle de *Perceforest*, la princesse est violée dans son sommeil. Mais l'acte est décrit comme l'accomplissement d'une pulsion contraire à l'idéal chevaleresque, donc pas du tout donné comme modèle. Le personnage masculin est en proie à un conflit entre désir et valeurs. Les contes ne proposent pas des modèles de comportement, mais des situations de conflits existentiels.

Mais c'est surtout commettre un contresens complet sur ce qu'est un conte populaire. *La Belle au bois dormant* est une variation sur un modèle de conte très ancien, qui a comme tous les contes une valeur initiatique, et fonctionne de manière symbolique. Y chercher une représentation réaliste des rapports humains est absurde. Moraliser les contes, c'est les vider de toute signification. Ils n'épargnent pas aux enfants les cruautés, les équivoques, les inquiétudes, et c'est là leur fonction. Ils les y préparent en douceur. Éloigner les enfants de ces représentations symboliques, c'est les condamner à une vision fausse, édulcorée du réel, avec toutes les lourdes conséquences psychologiques que cela peut avoir.

On va jusqu'à l'autodafé : au Canada, une commission scolaire a fait retirer des bibliothèques et brûler des milliers de livres, dont des *Lucky Luke*, des *Astérix*, des *Tintin*. Brûler des livres en place publique pour des raisons raciales, voilà qui rappelle de mauvais souvenirs. Certes, en un sens, c'est l'inverse de ce qui se passait dans l'Allemagne nazie : ce sont les peuples colonisés, massacrés, qui refusent l'image que l'on donne d'eux.

Reste que s'en prendre à la culture est toujours mauvais signe. Sans conteste, certaines représentations sont stupides, vexatoires, stéréotypées. Le problème est que si l'on commence à détruire ou à interdire plutôt que d'analyser et de critiquer, on ne sait pas pourquoi on s'arrêterait. Aucune culture n'est exempte, jusqu'à nos jours, de visions violentes, négatives ou stéréotypées de l'autre, et la culture occidentale n'a pas le monopole de ces représentations, bien au contraire. C'est même la première qui ait tenté sérieusement de penser l'autre et d'adopter son point de vue, notamment dans le courant philosophique du XVIIIe siècle. Si on brûle un *Lucky Luke*, il n'y a aucune raison sérieuse de ne pas brûler la bibliothèque universelle. Et c'est bien l'indifférence à ces problèmes, c'est l'agression contre la culture, c'est la volonté de supprimer le passé qui signe l'esprit totalitaire. La censure est toujours un mépris de l'intelligence. Elle ne croit pas que les gens puissent juger par eux-mêmes, elle leur en retire donc la possibilité. C'est une infantilisation, qui est cohérente avec le repli identitaire et son discours doloriste, variante des pleurnicheries de l'enfant geignard.

L'épuration du passé

Alors qu'en matière d'art, l'interdiction a presque disparu de la part de l'État, une passion de l'interdiction s'est emparée des militants identitaires. Ce n'est plus seulement le présent, c'est le passé qu'il s'agit d'épurer. Là encore, la démarche est totalitaire : faire disparaître des documents d'hier ce qui ne correspond pas à la droite ligne d'aujourd'hui. La tyrannie identitaire veut étendre son règne sur l'empire des morts. Ils sont tirés de leur tombeau et convoqués devant le tribunal. Des sociétés, des mentalités dont les conceptions, la morale, la culture étaient différentes des nôtres sont sommées de se conformer à notre présent, à nos valeurs érigées en modèles éternels. Il n'existe pas de culture passée qui réponde aux standards contemporains d'inclusivité, d'égalité, de féminisme, sans parler des homosexuels et des transgenres. On se comporte aujourd'hui avec le legs de grands morts comme on se promène en short avec un McDo dans un cimetière. On en fait ce qu'on veut, on dispose de leurs œuvres, on modifie ce qui ne convient pas.

L'Opéra de Paris, à la pointe du progrès radieux, a entrepris de « décoloniser » son répertoire et ses décors. En janvier 2021, un très copieux *Rapport sur la diversité à l'Opéra de Paris*, signé Pap Ndiaye et Constance Rivière, développe le programme détaillé de police stalinienne du répertoire et du recrutement. Il commence par l'évocation du meurtre de George Floyd, dont le rapport avec *Casse-noisette* (une des œuvres les plus incriminées) n'échappera à personne. Il s'agit, en vrac, de proposer des formations pédagogiques au public autour de la représentation des œuvres « offensantes », qu'il est nécessaire d' « interroger », de protéger les « artistes racisés » des « micro-agressions », de proscrire les *blackface* et l'emploi du mot « nègre », de dispenser aux jurys une

« formation aux enjeux de non-discrimination », d'instituer des aides financières pour les artistes, librettistes, compositeurs « de la diversité », de créer un poste de « responsable diversité et inclusion », de créer un dispositif de signalement des actes ou paroles racistes, avec un « référent » (un dénonciateur en chef), et des sanctions, du contrôle, du contrôle. Encore ce rapport est-il très modéré et ne propose-t-il pas de nettoyer le répertoire. Il dit même explicitement l'inverse. Mais c'est toujours le même problème : sur le fond, en effet, plus de danseurs et de créateurs non blancs, très bien. Et pourquoi pas une *Manon* noire ? Ce fut d'ailleurs déjà le cas en 2020 à l'Opéra de Paris. Mais pour atteindre cet objectif, créer une usine à gaz de contrôle, c'est ouvrir la possibilité de toutes les dérives racialistes. Et puis, traquer dans le répertoire les Noirs caricaturaux, les méchants asiatiques, les Maures cruels, voir partout du *blackface* ou du *yellowface*... « *Madame Butterfly* et *Turandot* (Puccini) ont également présenté des personnages *yellowface* avec le maquillage de la peau et le contour des yeux exagérément allongé : une geisha tragique et une princesse chinoise aussi belle que cruelle (accompagnée par les trois ministres de l'empereur, Ping, Pang et Pong) ». Oui, et alors ? D'abord, il y a contresens : Puccini ne valide pas une caricature de l'Autre, il ridiculise le regard colonial. Et quand bien même. Le public n'est-il pas assez intelligent pour voir les conventions, prendre ses distances, comme on le fait avec toutes les conventions, qui constituent la matière même du répertoire ? Ne faut-il pas au contraire conserver les témoignages d'une vision révolue, d'une autre manière, sans doute condamnable, mais par là-même instructive, de représenter les hommes ? Sinon, ne faut-il pas *tout* modifier ? Ce rapport en prend le chemin : « Pour la danse chinoise de *Casse-Noisette*, il est possible de remplacer le *yellowface* par des masques de l'opéra de Beijing, ainsi que le suggèrent Georgina Pazcoguin et Phil Chan, créateurs du site yellowface.org. De même les gestuelles des bras et les mimiques, supposément chinoises, peuvent-elles être modifiées de manière à éviter les caricatures offensantes ».

Les Américains ne s'embarrassent pas de toutes ces prudences ; d'ailleurs, ils suppriment. La Special Music School de New York a supprimé en 2021 de son répertoire deux pièces de Debussy, *Golliwogg's cake walk* et *Le Petit Nègre*, au motif qu'elles auraient des « connotations racistes ». Alors que précisément, Debussy manifestait là son intérêt pour une musique nouvelle apportée par les Noirs américains, qu'il avait eu l'occasion d'entendre. Sans compter que le *cake walk* est une danse d'esclaves noirs moquant la démarche de leurs maîtres ! Les censeurs ne réfléchissent pas. Ils voient de l'injure partout, même quand il s'agit à l'inverse d'un hommage.

À l'opéra de Florence, on modifie la fin de *Carmen* (elle tue au lieu d'être tuée) pour ne pas montrer de féminicide. On en revient aux « bienséances » du théâtre classique. En pire : sur une scène classique, on ne montre pas le meurtre, on le raconte. Le moderne correct préfère que la violence vise la bonne personne. On reprochait à Corneille d'avoir représenté une fille amoureuse de l'assassin de son père. La morale change, elle reste la morale, et elle continue à peser sur les œuvres. Il ne faut pas, dit le metteur en scène, qu'un tel acte soit applaudi. Comme si à l'opéra on applaudissait les meurtres, et pas la prestation des chanteurs et des musiciens ! Et comme s'il ne fallait jamais rien montrer sur scène qui fût laid, condamnable, immoral. *Britannicus*, *Macbeth, Phèdre* et *Iphigénie* ont des soucis à se faire.

Le raisonnement est écrasant de pertinence : les sociétés du passé n'étaient pas assez féministes (pas assez toutes sortes de choses), par conséquent, supprimons toute trace de machisme dans les œuvres du passé. Autant dire qu'on jette à la poubelle 98 % des œuvres. C'est l'horizon fatal de ce genre de démarche. Martelons les stèles assyriennes représentant des esclaves, interdisons de lecture toutes les œuvres naturalistes, férocement misogynes, sans parler de Baudelaire, dissimulons de voiles pudiques les nus dans la peinture. Les militants sont à la réflexion bien timides. Ils ne vont pas – pas encore –, au bout de leur logique.

Un éditeur américain, n'écoutant que son devoir, a tout de même enlevé le mot *nigger* des romans de Mark Twain (*Les Aventures de Tom Sawyer* et *Les Aventures de Huckleberry Finn*). Il faut saluer cette saine initiative. Même si Twain était un ardent militant antiraciste, et que son personnage de Huckleberry Finn partage le sort d'un esclave en fuite. Même si des gamins pauvres du Sud ne pouvaient employer que ce mot, qui reflète une certaine situation à l'époque. De même, on rebaptise le roman d'Agatha Christie *Les Dix Petits Nègres*. Même les titres des vieilles comptines choquent les belles âmes progressistes.

En gros, il faut faire comme si les gens qui employaient des mots violents, racistes, misogynes, ne pouvaient pas les prononcer. Aucun antisémite ne peut prononcer le mot « youpin », aucun loulou de banlieue ne peut dire « sale pute » ou « sale pédé », aucun ouvrier français en 1890 ne peut dire « rital ». Et s'ils deviennent des personnages de roman, il faut leur attribuer un langage châtié : « hébreu », « homosexuel » ou « péripatéticienne ». L'hypocrisie plutôt que le vrai. C'est la meilleure manière de comprendre le passé : faire comme si le mal était déjà, à l'avance, éradiqué du langage. J'ai moi-même, dans une chronique de fiction, mis en scène une prostituée d'extrême-droite qui parlait des « Ritals », des « Auverpins » et des « Bamboulas ». Sans m'en avertir, la direction du site a supprimé « bamboula ». Mot que les racistes, c'est bien connu, ne prononcent jamais.

Le fétichisme des mots, l'édulcoration de la réalité revient à prendre les gens pour des enfants fragiles. Les pauvres sont tellement sensibles qu'ils se pâment et font un malaise au moindre mot violent. Cette hypersensibilité, souvent mise en scène, comme les femmes de jadis mettaient en scène leurs pâmoisons, est une manière de refuser de voir la réalité, de comprendre ce dont les mots sont porteurs.

Le plus surréaliste, c'est que cette exquise sensibilité, qui fait qu'on doit caviarder les textes, s'exprime dans un monde où, au cinéma, sur les sites Internet, se déchaîne sans frein un pandémonium de violence : on assassine, on torture, on massacre sans trêve ni repos, quant aux violences faites aux femmes, les sites pornographiques en regorgent. Mais ça ne semble en aucun cas toucher les militants identitaires : ils ne s'intéressent pas à l'humain, uniquement à des secteurs de l'humanité. Donc torturons à satiété dans les films gore, rien de grave tant qu'on ne tue pas Carmen sur scène.

Même les créateurs s'en prennent aux artistes morts. Les pensionnaires de la villa Médicis à Rome, c'est-à-dire des artistes, ont enfilé la défroque du censeur moralisant, pour exiger que l'on décroche du grand salon une magnifique tapisserie du XVIIIe siècle, au motif qu'elle serait « colonialiste ». N'y parvenant pas, ils organisent une journée d'études dont le programme est bien moralisant : « L'exubérance des éléments déployés n'est pas sans soulever plusieurs questionnements du point de vue des débats actuels autour des questions du racisme, de l'esclavage et du passé colonial des nations. » Si la nature est exubérante, c'est raciste. Il faut remarquer l'allure pateline et hypocrite de ce genre de prose : l'image « soulève des questionnements » (pas des « questions », le mot n'est pas répertorié dans le lexique militant), « du point de vue des débats actuels ». Attention, je n'ai rien dit, moi : il y a un débat en cours, et l'œuvre « soulève des questionnements », c'est elle qui a commencé, c'est pas moi, hein !

Les petits commissaires politiques traquent partout les témoignages du passé, décidés à les aligner sur la pensée correcte. Nettoyez-moi tout ça. En l'occurrence, en plus d'être des cafards et des imbéciles, ils sont à côté de la plaque : la tapisserie représente une ambassade diplomatique africaine au Brésil ! Quant à la réponse du directeur, Sam Stourdzé, elle est prudente, ménageant la chèvre et le chou dans un superbe déploiement de langue de bois. Il n'allait tout de même pas défendre le patrimoine dont il a la garde.

La haine de l'art et de la culture se déchaîne partout. Sur des affiches placardées dans le métro, reproduisant les nus sublimes d'Egon Schiele, annonçant une exposition, les sexes ont été dissimulés par des bandeaux, à Londres et en Allemagne, comme aux beaux temps de la feuille de vigne, pour satisfaire la pudeur effarouchée de la régie des transports. *1984*, d'Orwell, est en cours de réalisation : le roman prévoyait un ministère de la Vérité qui réécrivait l'histoire conformément à la doctrine officielle. Mais nul besoin de ministère ou d'État centralisé pour cela. Désormais, de simples activistes obtiennent par la pression d'excellents résultats.

Des nus qui appartiennent aux grandes réalisations de l'histoire de l'art sont désormais dénoncés comme donnant une image « inappropriée des femmes ». Facebook censure Rubens et Courbet (mais refuse de censurer les propos négationnistes). La Manchester Art Gallery a décroché le tableau *Hylas et les Nymphes*, de Waterhouse, sur les exigences d'une conservatrice d'art (eh oui), Clare Gannaway, et d'une artiste, Sonia Boyce, qui ont invité les visiteurs à plutôt réfléchir « à des questions de genre, race, sexualité et classe ». À ce compte, c'est la moitié de la peinture occidentale qui devrait disparaître des musées, pour ne laisser subsister que les rares œuvres « correctes » et morales. D'autant que le tableau de Waterhouse est aux antipodes de la pornographie. En outre, la demande de censure part d'un contresens (c'est assez courant), assez accablant de la part d'une conservatrice : dans la légende, ce ne sont pas les nymphes qui sont des objets sexuels, mais bien Hylas.

Beethoven est trop blanc

La musique, pensait-on, pouvait être épargnée, elle ne diffuse pas d'images ni de textes susceptibles de choquer les belles consciences. Mais non. En septembre 2020, le musicologue Nate Sloan publie dans *Vox* un article où il explique : « Les hommes blancs riches ont fait de Beethoven un symbole de leur supériorité et de leur importance. Pour certains qui appartiennent à d'autres catégories (femmes, LGBTQ+, gens de couleur) la symphonie de Beethoven peut surtout être un rappel de l'exclusion et de l'élitisme qui marquent l'histoire de la musique classique. »

C'est une opinion, qui confine à l'obscurantisme, mais c'est une opinion. On peut s'étonner de voir des homosexuels, par exemple, embrigadés dans une croisade contre la musique classique. Je suis homosexuel, je me sens rejeté par Beethoven. Dans le n'importe quoi, le wokisme peut aller très loin. On peut se demander pourquoi Beethoven serait le seul à être incriminé. Que fait-on pour Wagner, franchement louche, pour Bruckner, Bach, Haendel ? Je suis certain qu'il y aurait beaucoup à dire sur le sentiment d'exclusion qu'ils engendrent chez les pauvres Noirs. Après tout, les Noirs, c'est fait pour taper sur des tam-tams, il ne faut pas leur demander de s'intéresser à la musique savante. C'est surtout le racisme, le paternalisme, le misérabilisme et le mépris qui se lisent dans ce genre de considération se voulant inclusive.

Nate Sloane a sans doute oublié que, au temps de la regrettée République démocratique allemande, c'est Bach qui était considéré comme un compositeur bourgeois décadent. Les motifs changent, mais la gauche dite « progressiste » recommence sans cesse les mêmes anathèmes et les mêmes censures. Elle n'a aucune mémoire, et la culture est encore et toujours sa cible et sa victime.

Là où la chose s'aggrave, c'est lorsque l'on passe de la critique, même stupide, à l'éducation. Un membre de l'équipe dirigeante de la faculté de musique de l'université d'Oxford a suggéré, au début de l'année 2021, de décoloniser la musique classique, accusée de « complicité avec la suprématie blanche ». Beethoven (le pauvre), Mozart, la direction d'orchestre, le piano, causeraient une grande détresse aux étudiants de couleur.

L'idée, et on la retrouvera partout dans ce tour d'horizon de la folie *woke*, c'est que la culture est enfermée dans des identités étanches. Il y a une culture blanche qu'on impose aux Noirs ou aux Asiatiques de manière illégitime, etc. Mais si Proust est un grand écrivain, Beethoven un grand musicien, Rembrandt un grand peintre, et bien qu'ils soient en grande partie déterminés par leur époque, et le pays où ils ont créé, c'est précisément que la perfection de leur art leur a permis d'échapper à ce déterminisme, à cette assignation identitaire, tout comme le jazz, issu de la souffrance des esclaves, parle de la souffrance à tout homme. Le grand art n'est pas folklorique.

Ce que l'on appelle « détresse » devant les grandes œuvres, il n'est pas besoin d'être noir, ou de n'importe quelle couleur, ou de n'importe quel sexe ou genre, pour l'avoir ressenti. Le propre des grandes œuvres est de nous mettre en situation d'inconfort : difficulté de compréhension, changement de nos habitudes mentales, de nos certitudes morales et de nos repères de représentation. C'est valable pour tout le monde. S'il y a une inégalité, elle est d'ordre social, et non ethnique ou sexuel : On accède à Mozart plus facilement par un type d'éducation qui est en général l'apanage des classes aisées. Mais au lieu de dire : moins de Mozart, parce que les pauvres ne le comprennent pas, qui est une variante du misérabilisme, il vaudrait mieux dire : emmenons les enfants des classes défavorisées voir *Don Giovanni* gratuitement. Et ça marche presque toujours : je parle ici en tant qu'enseignant ayant une expérience du collège, du lycée et de l'université, de milieux divers, très pauvres ou favorisés.

Quoi qu'il en soit, une grande œuvre nous désoriente. Elle demande un effort. On n'entre pas aussi facilement dans l'univers et dans la langue de Proust. Mais au lieu de prendre cela comme une agression, il faut à l'inverse le prendre comme une chance et un défi. Une grande œuvre élargit notre champ de conscience, fertilise nos expériences, nous donne accès à une plus large compréhension de l'humain, nous sort de nos limitations intellectuelles, émotionnelles, esthétiques.

Le miracle occidental

La constante des revendications *woke* est l'enfermement sur soi-même. Chacun est censé avoir sa culture : les Noirs ou les Indiens doivent se concentrer sur leur culture tout en considérant la culture occidentale comme une agression, les Blancs ne devraient en aucun cas s'immiscer dans d'autres cultures. C'est aller à l'encontre de l'essence même de l'éducation. Par démagogie, on prétendra qu'à des élèves d'origine africaine, venus des banlieues, il faut faire étudier du rap plutôt que Vivaldi. Mais à quoi bon enseigner aux gens ce qu'ils connaissent déjà ? S'il est une vertu de l'enseignement, c'est bien de faire apercevoir à l'enfant qu'il y a autre chose que ce que son milieu, sa famille, son cercle d'amis lui apprennent. C'est le faire échapper à ce déterminisme. C'est élargir ses possibilités de connaître.

La seule idée de réduire les grandes réalisations de la culture occidentale à la couleur blanche est un contresens, et tient souvent du ressentiment. Il y a des moments et des lieux privilégiés dans l'histoire de la civilisation. Cela a été le cas pour l'Égypte de l'Ancien Empire, pour la Chine dans le premier millénaire, pour Sumer qui invente l'écriture vers 3300 av. J.-C., pour la dynastie abbasside, à Bagdad, au VIIIe siècle, pour le califat de Cordoue au Xe siècle. Il y a eu un « miracle grec », dans la pensée et la politique, au VIe et au Ve siècle av. J.-C., et le monde romain a été un lieu d'épanouissement incomparable des arts et de la littérature. La culture n'est pas une surface lisse qui s'étendrait sans accidents et variations d'intensité dans le temps et l'espace. Il y a des lieux et des moments.

Bien sûr, il est nécessaire et bon de réhabiliter des cultures trop négligées. Bien sûr il serait bon d'en savoir plus sur les Kouchanes, les Hephtalites, les Khoï-Khoï, les Mixtèques, les Ligures, même si, au fond, on ne connaît pas si bien que ça les Grecs. Cela ne signifie pas pour autant que tout se vaut. Athènes au Ve siècle av. J.-C. est culturellement plus riche, et a davantage enrichi l'histoire de la pensée universelle que la Thrace au VIIe siècle av. J.-C. Hérat et Samarcande à l'époque de Chahrokh, celle de la Renaissance timouride, avec notamment le grand poète soufi Djami, a plus enrichi l'histoire de la pensée universelle que la Norvège au XVIIe siècle. Les États-Unis et l'Angleterre dans les années 1970 ont plus apporté à la musique et à la culture dans le monde entier que l'Espagne au XIXe siècle, le quattrocento italien a plus apporté à la peinture que l'Amérique au XVIIIe siècle.

Or, la civilisation occidentale, à partir de la Renaissance, représente un moment tout à fait privilégié de développement sans précédent des arts, des sciences, des formes politiques nouvelles, et qui n'a aucun équivalent. La démocratie, la liberté individuelle, la liberté de penser et de s'exprimer, les droits de la personne, les innombrables inventions techniques, les grandes explorations, la science, la connaissance du monde, de l'espace, de l'homme, des espèces, de la nature, c'est la culture occidentale. Et les grandes œuvres. Aucune autre civilisation n'a connu un âge d'or culturel aussi étendu, aussi riche que l'Europe entre 1500 et 2000.

Or, ses réalisations, en littérature, en musique, dans les beaux-arts, ont deux grandes caractéristiques. D'une part, elles portent à leur sommet la richesse et la complexité des réalisations, telles que les grands romans du XIXe et du XXe siècle, ou les grandes œuvres orchestrales comme les symphonies de Beethoven. D'autre part, elles se détachent, pour l'essentiel, des schémas de la culture populaire traditionnelle, même si celle-ci a été réhabilitée entre Charles Perrault et le romantisme. En d'autres termes, l'Occident invente un art qui tend à se détacher de son cadre d'apparition. La musique de Bach a plus à voir avec l'humanité qu'avec l'homme germanique blanc du XVIIIe siècle qui l'a composée. C'est sa grandeur, et c'est en tant que telle qu'il faut la faire connaître. Bach est à la musique ce qu'Einstein ou Newton sont à la cosmologie, Planck à la physique, Darwin à la biologie, Kant à la philosophie ou Freud à la psychologie. C'est un fait historique, il n'y a pas lieu d'en être fier, mais il est aussi absurde de chercher à le minimiser.

C'est bien au contraire penser la culture en termes de couleur qui peut mettre mal à l'aise de jeunes Noirs devant des créateurs dont on leur dit qu'ils sont des Blancs. Non, en effet, les Noirs ne sont pas très représentés dans l'histoire des sciences, des techniques ou de la littérature, jusqu'à une date récente. Et c'est le fait de poser le problème en termes de race qui peut engendrer complexe d'infériorité, déni ou ressentiment. Le problème est économique et culturel. C'est l'affranchissement de l'Occident par rapport aux modèles religieux et aux formes traditionnelles, à partir de l'émergence du rationalisme scientifique, entre le XVIe et le XVIIe siècle, qui a permis cet épanouissement sans précédent des sciences et des techniques, mais aussi des arts, quand bien même leur propos et leurs sujets demeurent religieux dans beaucoup de cas.

C'est aussi cet affranchissement par rapport aux modèles traditionnels et à la religion, c'est le primat de la raison et de l'expérimentation, contre le dogmatisme, qui a permis à l'Occident d'inventer la machine à vapeur, la voiture, l'avion, le cinéma, la photo, le chemin de fer, l'imprimerie moderne, le téléphone, le sous-marin, l'éclairage électrique, le vol spatial, le télescope, l'ordinateur, l'anesthésie, la chirurgie de pointe, le laser, la médecine moderne, la radiologie, la vaccination, etc., inventions technologiques dont toute l'humanité profite aujourd'hui. Ce n'est ni noir ni blanc : c'est le produit d'une libération de l'esprit, qui a eu lieu à cet endroit, à ce moment.

Mais la religion même présentait un certain nombre de caractéristiques qui ont aidé à s'affranchir des cadres de pensée trop limités qu'elle imposait : par la tradition herméneutique des textes bibliques, par le rôle de la *disputatio* dans la scolastique médiévale, c'est-à-dire du débat argumenté, par la réforme protestante enfin, qui recommandait le libre examen par le croyant des textes sacrés. De sorte que l'histoire de la culture européenne est marquée par une densité, inconnue ailleurs, de débats esthétiques et intellectuels qui accompagnent et stimulent la création, depuis la querelle des universaux au Moyen Âge jusqu'aux empoignades sur le structuralisme, en passant par la querelle des Anciens et des Modernes, la bataille d'*Hernani*, celles du naturalisme et de l'impressionnisme, les polémiques sur l'évolutionnisme, etc.

En d'autres termes, c'est la liberté qui a été la condition de cette explosion artistique, technologique, scientifique et intellectuelle, celle-là même que les militants identitaires, appuyés par une gauche dévoyée, tiennent tant à restreindre. S'ils l'emportent, ce sera une régression sans précédent de la culture. Mais elle est déjà en cours.

Une autre condition de cet épanouissement est la dimension historique : le commencement du miracle occidental correspond au moment où l'on redécouvre l'héritage gréco-romain, c'est-à-dire ce qui vient d'un espace et d'un temps différents. La culture occidentale est une incessante relecture du passé. Non pas pour le juger ou le condamner, mais pour y puiser ce qui est susceptible de nourrir le présent, et ce qui, au-delà des différences d'époque et de civilisation, appartient à l'humain. Miracle par l'appropriation culturelle !

Une troisième condition est l'ouverture au monde. Cette capacité de s'enrichir de l'autre, cette ouverture à la nouveauté et à la découverte est une constante et une condition du miracle de l'Occident : il y eut la fascination pour la Chine au XVIIIe siècle, la passion pour l'orientalisme ou le japonisme au XIXe siècle, pour l'art dit « nègre » au début du XXe, les recherches anthropologiques ou ethnographiques, tout cela, bien sûr, avec le revers noir de la colonisation et de l'esclavagisme. Mais aucune autre culture ne s'est autant intéressée aux autres, à part le Japon… et il y a eu un miracle japonais.

Malheureusement, aveuglés par leur vision raciale, qui est une impasse intellectuelle, les racialistes et autres décolonialistes s'enferment dans le déni. Ce cadeau qu'a fait l'Occident à l'humanité, ils ne veulent y voir que domination et arrogance. Au lieu de considérer que chaque culture apporte ce qu'elle a au bien commun, et que chaque contribution est respectable, ils refusent l'idée de bien commun, et préfèrent supprimer, effacer, oublier. Ou bien, de manière pathétique, tenter de montrer que ce sont les Arabes qui ont découvert l'Amérique, les Noirs qui ont inventé le piano, etc., comme cela se généralise aujourd'hui. Et demain, pourquoi pas, que les Inuits ont été les premiers sur la Lune.

C'est aussi pourquoi les incessants procès faits à l'Occident me semblent, non pas injustifiés, mais biaisés. Il est tout à fait juste de reprocher aux pays occidentaux la colonisation, l'esclavage, l'impérialisme et le racisme. Mais on le fait comme si eux seuls s'étaient montrés coupables de telles horreurs. Or toutes les civilisations, dans l'histoire, ont des reproches à se faire, aucune n'est exempte d'appétits de domination ou d'atteintes aux droits de l'homme. Au Mali, dans certaines régions, la société est encore structurée entre nobles et esclaves, ces derniers subissant de nombreuses humiliations et discriminations. Les Arabes ont conquis par la guerre d'immenses territoires, imposé l'islam par la force dans des terres chrétiennes, bouddhistes ou zoroastriennes, et ce jusqu'à la fin du XIXe siècle en Afghanistan, et ils ont pratiqué la traite négrière sur une grande échelle. L'esclavage existe encore dans certains pays arabes. Il était de règle dans les civilisations antiques. Au Moyen Âge, l'empire du Mali le pratiquait. Encore de nos jours, la caste des intouchables, en Inde, souffre d'une discrimination systématique. Les Aztèques pratiquaient les sacrifices humains et asservissaient les peuples voisins. Les Assyriens usaient de la terreur systématique dans les pays conquis, écorchaient et empalaient. Les Mongols entassaient les têtes des habitants devant les villes prises. La torture était une pratique généralisée. Quant à la liberté de conscience, elle n'existait évidemment nulle part. Un individu était d'abord un sujet du souverain.

Cela paraît un peu stupide de rappeler tout cela. La civilisation occidentale ne s'est pas, d'abord, montrée différente des autres. Et pourtant, quelque chose la différencie fondamentalement, en effet, des autres civilisations : c'est elle, et elle seule, qui a élaboré les concepts philosophiques et juridiques par lesquels elle a, d'abord, pratiqué son autocritique : liberté de conscience, liberté d'expression, abolition de la torture, abolition de l'esclavage, démocratie, droits de l'homme. Au-delà de l'autocritique, elle a proposé à toutes les civilisations humaines un idéal de liberté individuelle. Et c'est au nom de ces principes élaborés en Occident qu'on peut aujourd'hui lutter contre la tyrannie à Hong Kong, en Russie, en Birmanie, au Venezuela, en Iran ou au Liberia. L'universalisme a quelques vertus.

Les étudiants qui, aux États-Unis, en Angleterre, en France, réclament censures, interdictions, renvois de professeurs, se plaignent de l'arrogance occidentale ou de la domination blanche pour épurer la culture, n'ont pas conscience du luxe intellectuel dans lequel ils vivent. Ce sont les enfants gâtés de la démocratie, les blasés des droits de l'homme. Ils semblent considérer la liberté d'expression et la divergence d'opinions dans le débat public comme un point secondaire, alors que c'est précisément ce qui nous sépare de la tyrannie.

L'immigration est d'ailleurs la réponse la plus évidente aux discours qui cherchent à rendre l'Occident coupable de tous les maux : racisme, colonialisme, xénophobie, etc. Des centaines de milliers de personnes d'Afrique ou d'Asie cherchent, au péril de leur vie, à rejoindre ce que certains décrivent comme un enfer. C'est tout de même curieux. Les jeunes Tunisiens, Érythréens, Syriens, Afghans, Algériens, Maliens, fuient la guerre, la dictature, la misère, l'oppression religieuse pour trouver un peu de liberté, des aides sociales, du travail, et, pour certains, moins de racisme, moins de patriarcat. Ils ont bien tort. Il faudrait leur expliquer de ne pas mettre les pieds dans l'affreux Occident. Pourtant, quand certains gouvernements cherchent à limiter cette immigration, les mêmes qui accusent l'Occident de tous les maux lui reprochent de fermer ses frontières. Allez comprendre…

L'école républicaine en danger

Depuis l'instauration de l'école laïque, gratuite et obligatoire, des millions d'enfants qui ne parlaient pas français et avaient pour seul avenir la misère, employés dès 6 ans comme valets de ferme dans des campagnes surpeuplées, ont pu s'instruire, et se voir ouvrir la possibilité d'une ascension sociale. Cela n'a pu se réaliser que par la croyance qu'il y avait un savoir à transmettre, le même pour tous, pour créer des chances d'égalité. Cela a fonctionné. Ma famille est un exemple standard de l'ascension sociale de misérables paysans auvergnats ne parlant que patois, au sein de familles de treize enfants, qui faisaient dix kilomètres par jour, parfois en sabots dans la neige, pour aller à l'école. C'était dur, mais moins que les vaches seize heures par jour. Et, au prix de l'effacement, il est vrai regrettable et excessif, de certaines particularités locales, cela a unifié le pays, autour des valeurs républicaines.

Ce merveilleux outil a été détruit par diverses mesures démagogiques (dont la méthode globale), en deux grands moments. D'abord, autour de l'idée qu'il ne fallait plus de verticalité, mais que l'enfant devait construire lui-même ses savoirs. Cette étape atteinte, nous en sommes à la deuxième : ne plus froisser les croyances de personne, placer les différences au premier plan. Le résultat est là : plus d'ascenseur social, des citoyens qui maîtrisent mal leur langue (même les cadres multiplient les fautes d'orthographe), ont des difficultés avec des opérations mathématiques de base, ne connaissent pas l'histoire de leur pays, comprennent mal la Révolution française, sont incapables de parler anglais et de situer le Mozambique sur une carte.

Tout le système éducatif français, après les États-Unis, le Canada, la Grande-Bretagne, est désormais pénétré par cette culture *woke*, c'est-à-dire par une bien-pensance militante qui place la victimisation identitaire au-dessus de toutes les valeurs. Une grande partie des professeurs a bien intériorisé la leçon. On se préoccupe beaucoup de leur formation sur ce plan.

Des enseignements sont désormais proposés, par le très officiel réseau « Canopé », aux professeurs en France, pour leur asséner le catéchisme *woke*. C'est ainsi qu'un enseignant peut s'inscrire pour des séances qui auront lieu en 2022, sous l'intitulé « Les transidentités en milieu scolaire : défaire la norme cisgenre ». Programme : « Ce deuxième webinaire consacré à la lutte contre les discriminations LGBTIphobes propose cette fois-ci de s'intéresser plus particulièrement à la situation des élèves transgenres. À l'aide des outils de la pédagogie critique de la norme présentés lors du premier cycle, ce temps de formation abordera les différentes manifestations de la cisnormativité en milieu scolaire, du contenu des enseignements aux interactions quotidiennes entre les différent.es acteur.ices de l'établissement. » On conviendra que ces questions sont d'une urgence absolue.

Qu'il faille prévenir toute discrimination ou agression, cela va de soi, mais le déploiement de ce verbiage pseudo-scientifique vise surtout à justifier un petit commerce qui prospère sur des représentations à la mode, avant qu'elles ne se périment.

On peut tout à fait comprendre que l'école amène les enfants à réfléchir sur les normes de genre, les comportements associés au fait d'être garçon ou fille dans une conception traditionnelle de l'identité sexuelle. C'est son rôle de mettre en question l'éducation masculine ou féminine dispensée dans certaines familles. C'est aussi son rôle d'enseigner la tolérance et l'empathie pour toutes les personnes, quelles qu'elles soient. Mais est-il bien nécessaire de déverser sur eux un corps de doctrine ? Imaginons qu'on leur apprenne à penser en termes d'« exploitation capitaliste », « lutte des classes », « dictature du prolétariat »... Or, c'est bien ce qui se passe. Une brochure émanant des services du ministère de l'Éducation nationale propose cet alléchant programme :

> ÉDUCATION ET LGBTI+ : Propositions d'activités pédagogiques pour le collège. 1) Vocabulaire – Éducation civique et morale (EMC) :

a. Recherche l'étymologie et la signification des préfixes « hétéro », « homo », « trans », « cis », « inter » et « bi ».
b. Mets en lien ces significations avec les mots définis.

Il y a aussi des mots croisés. Voici les définitions proposées, et les réponses. Je rappelle que nous sommes au collège :

Horizontal
– Action de dévoiler l'orientation sexuelle ou l'identité de genre d'une personne sans son accord : OUTING ;
– Personne dont l'identité ne correspond pas au genre assigné : TRANSGENRE ;
– Discrimination des personnes qui ne correspondent pas aux normes hétérosexuelles et de genre : LGBTIPHOBIE ;
– Se dit d'une personne née avec des caractères sexuels ne correspondant pas aux définitions habituelles : INTERSEXE.

Vertical
– Discrimination des personnes transgenre : TRANSPHOBIE ;
– Discours et identités refusant les catégories binaires de genre et de sexualité : QUEER ;
– Assigné à la naissance, en fonction de l'apparence des organes génitaux externes : GENRE ;
– Attirance affective et sexuelle pour une personne du même sexe : HOMOSEXUALITÉ.

L'école s'aligne officiellement sur la doxa des activistes identitaires. Je me demande s'il y a aussi, en éducation civique, des cours sur la liberté d'expression.

Dans certaines écoles, c'est l'islamisme qui engendre de graves dérives. Pour avoir dénoncé l'emprise de l'islamisme sur les écoles de la République dans certaines banlieues (« J'ai été témoin de la progression d'une emprise communautaire toujours plus forte sur les consciences et sur les corps »), Didier Lemaire, professeur de philosophie, inondé d'insultes et de menaces, a dû être placé sous protection. À une journaliste qui enquêtait sur la situation, on a déclaré que s'il continuait, Didier Lemaire deviendrait « le deuxième Samuel Paty ». Il décide d'abandonner l'enseignement. Et, comme souvent dans ce genre situation, il n'a reçu aucun soutien des autorités censées représenter la République, bien au contraire : le préfet des Yvelines l'a traité d'« irresponsable », et le maire de Trappes est entré dans l'enceinte du lycée pour distribuer des tracts dénonçant le professeur. Pourtant, une enquête journalistique serrée, *La Communauté*, dénonçait, dès 2018, l'emprise du communautarisme à Trappes, et la ville a fourni le plus grand nombre de djihadistes français partis combattre en Syrie. Mais à celui qui dit la vérité, il importe de fermer la bouche.

Soufiane Zitouni, professeur de philosophie dont le nom exclut tout soupçon de racisme anti-arabes, a déclaré de son côté, à propos du lycée musulman Averroès : « En plus de vingt années de carrière en milieu scolaire, je n'ai jamais entendu autant de propos antisémites de la bouche d'élèves dans un lycée ! » Le lycée a porté plainte contre lui.

Combien de professeurs, désormais, se heurtent à des refus de leur enseignement au nom de convictions religieuses, presque toujours musulmanes ? Cela peut toucher ce qui remet en cause les textes sacrés, sur la création du monde et de l'homme. Mais surtout, c'est l'antisémitisme qui fait des ravages. Dans bien des collèges, il devient difficile d'évoquer l'extermination des Juifs d'Europe. Régression terrifiante, qu'on n'aurait pas imaginée il y a trente ans.

Mais des penseurs de gauche nous expliquerons qu'il ne faut pas « stigmatiser », verbe qui sert désormais à aider à tout admettre, à laisser passer des empiétements progressifs sur la liberté de penser et sur la science.

Ce ne sont pas les militants d'extrême-droite qui sont menacés, ce ne sont jamais les vrais racistes, mais au contraire ceux qui invitent à réfléchir, ceux qui se posent des questions. Samuel Paty voulait faire réfléchir ses élèves sur la liberté d'expression et ses éventuelles limites. Cela a été dénoncé comme une agression contre l'islam, il a été tué dans d'atroces conditions. On en est là, en France, aujourd'hui : il n'est même plus question de censure, on tue les professeurs et les journalistes pour blasphème.

Avant le meurtre, non seulement ils étaient la cible de menaces venant d'activistes islamistes, voire de simples croyants, mais aussi de la défiance de leurs collègues professeurs ou journalistes, estimant toujours qu'ils allaient trop loin, qu'ils touchaient un point trop sensible, voire que leur laïcité était trop agressive. La mort même ne fait pas taire les critiques. L'hommage à Samuel Paty soulève ici et là des résistances, son meurtrier est devenu dans certains pays un martyr de l'islam, de même que Mohammed Merah, assassin d'enfants juifs, a été honoré du même titre dans certaines banlieues françaises. Il est devenu normal, pour une frange de nos concitoyens, que la liberté de critiquer, de faire de l'humour, ou simplement de discuter, soit sanctionnée par la mort.

On aurait pu penser qu'un assassinat de professeur soulèverait un mouvement unanime de solidarité, un grand élan en faveur de la liberté d'expression, de la liberté d'examen, de critique, de discussion. Il n'en est rien. Tout en organisant, en 2021, un hommage national au martyr de l'éducation républicaine, le ministère de l'Éducation nationale précisait bien : « L'heure n'a pas vocation à être un retour sur ce qui s'est passé il y a un an, ni une évocation de Samuel Paty et de sa mémoire. » On peut se demander en quoi consiste un hommage vidé de contenu. Pourquoi Samuel Paty est-il mort au juste ? Pas question d'en parler.

Le politologue François Burgat, ancien directeur de recherche au CNRS, ne recule devant aucune ignominie. Après la phrase de respect obligé : « Le respect est dû à S. Paty comme victime d'un terrorisme particulièrement inacceptable » vient l'analyse : « Pas parce qu'il serait un “héros de la liberté d'expression”, cette liberté dont il a cru devoir cautionner la version la plus bassement dévoyée, qui se confond avec la liberté d'avilir. » Regrettable qu'on l'ait tué, mais il s'était mal conduit, quoi. Et les morts de *Charlie* aussi. Finalement, on se demande ce que c'est, la *bonne* liberté d'expression. Les obscènes photos de *Hara-Kiri* sur le Christ ou la Vierge étaient bien plus « avilissantes ». Mais personne n'a tué personne. Attention : ne dites surtout pas que François Burgat est islamo-gauchiste, ça n'existe pas.

La palme de l'obscénité revient sans doute à SciencesPo Paris. Il semble que cette école ait à cœur de se distinguer par son antirépublicanisme. L'hommage à Samuel Paty a consisté pour une grande partie en des discours analysant comment certaines représentations peuvent être offensantes pour des musulmans. Bruno Nassim Aboudrar, professeur à Paris-III, a ainsi pu déclarer qu'un dessin de Coco, de *Charlie Hebdo*, qui avait été montré par Samuel Paty, était « intrinsèquement raciste ». François Héran, professeur au Collège de France, qui milite pour limiter la liberté d'expression dans le domaine religieux, en particulier dans le cas de l'islam, y a qualifié les caricatures de *Charlie Hebdo* de « mal pour le plaisir de faire le mal ». Jean-François Chanet, recteur de Bourgogne-Franche Comté, raconte une histoire significative de la lâcheté et de la capitulation de certains directeurs d'établissements face à la pression religieuse. Une directrice de collège a retiré la gerbe en hommage au professeur assassiné que le maire avait déposée devant l'établissement et qu'elle estimait trop clivante.

Le chevalier de La Barre a été décapité, au XVIIIe siècle, pour blasphème. Je suppose que la même directrice d'établissement, à l'époque, aurait estimé que la tentative de réhabilitation menée par Voltaire était trop « clivante ». Et des intellectuels comme François Héran et ses semblables, qui signent des tribunes pour nous expliquer qu'il ne faut pas froisser les croyants, auraient doctement expliqué que les chrétiens étaient inquiets de la montée des critiques contre la religion, se sentaient blessés dans leurs convictions, que bien sûr ce qui était arrivé à La Barre était affreux, mais qu'il était allé trop loin. Et voilà comment une liberté durement conquise, dans le sang, les tortures et les exécutions, est jetée aux orties sans états d'âme.

Paty lui-même posait la question en termes clairs dans un message à ces collègues : « Faut-il ne pas publier ces caricatures pour éviter la violence ou faut-il publier ces caricatures pour faire vivre la liberté ? » Beaucoup d'intellectuels français et de responsables académiques ont choisi sans hésiter la première solution. Or, la France n'est pas un pays régi par une religion officielle. Moquer une opinion ou une croyance est un droit fondamental, une saine remise en cause des pratiques et des superstitions.

L'université mise au pas

De nombreux témoignages rapportent l'ambiance délétère qui s'installe progressivement dans les universités, où tout étudiant qui ne se soumet pas à la tyrannie identitaire est accusé de tous les maux et qualifié de tous les mots en -phobe. Diverses enquêtes montrent que les professeurs, en Angleterre, en France, admettent qu'ils s'autocensurent. Deux cents universitaires britanniques ont publié dans le *Sunday Times*, en octobre 2021, une tribune où ils dénoncent la « culture de peur » qui s'est installée dans les universités.

Le professeur de philosophie Peter Boghossian, qui a démissionné de l'université de Portland State, résume bien, dans une interview au *Figaro*, ce qui se passe dans les universités américaines :

> L'université de Portland State m'a recruté afin de développer la pensée critique de ses étudiants et leur enseigner la discipline philosophique de l'éthique. Mais la culture *woke* qui y règne a rendu cela impossible. L'université, certains de mes

collègues et étudiants adeptes de cette idéologie, ont tout fait pour me discréditer. C'est devenu insoutenable. J'ai été témoin de choses sidérantes : des étudiants qui refusent de discuter avec des personnes qui ne partagent pas leurs valeurs ; des professeurs à qui l'on a reproché l'étude de philosophes parce que ces derniers étaient blancs et européens. [...] Dans les toilettes situées près du département de philosophie où j'enseignais, j'ai trouvé une inscription : « Peter Boghossian is a secret nazi. » Et l'université n'a rien fait.

À l'université, les étudiants n'apprennent plus à penser. Le président de l'université Portland State a publiquement affirmé que le sujet prioritaire pour l'université était celui de la « justice raciale ». [...] Tous les séminaires, toute la production scientifique, toutes les formations devaient porter sur la diversité, l'égalité et l'inclusion. [...] l'université n'est plus le lieu où la curiosité intellectuelle prospère, c'est désormais le lieu où elle meurt. [...] L'université est de nos jours une usine idéologique. Je me suis entretenu avec le doyen de Portland State pour lui dire mon inquiétude : cet établissement figurait dans le classement 2020 des pires universités s'agissant de la liberté d'expression. Il m'a répondu que c'était une bonne chose de figurer dans ce classement. Cela m'a sidéré. J'ai compris que c'était là non pas un bug de l'idéologie mais un trait : le but de ses adeptes est d'empêcher l'esprit critique et d'endoctriner. Nous sommes en train de voir apparaître une culture dans laquelle les gens ont peur de parler ouvertement et honnêtement. L'université ne cherche qu'à opposer des réponses morales aux questions posées. [...] L'idéologie *woke* détruit tout ce qu'elle touche et une fois qu'elle pénètre une institution, elle la déchire. Ce, de plusieurs manières : en menaçant ses contradicteurs d'une enquête ou en les taxant de « racistes », de « nazis », de « sexistes », d'« homophobes » ou de « misogynes ». C'est là une de leurs armes pour empêcher les gens de questionner, de défier une opinion.

Quant aux professeurs, ils sont sommés de se soumettre au même système de pensée. L'Unef est allée jusqu'à proposer que l'on délivre une formation antiraciste aux professeurs et au personnel des universités ! Comme si le racisme était courant dans cette profession. On peut se demander si Ronald Fonkoua, d'origine africaine et qui fut doyen de la faculté des lettres de Paris-IV, y aurait été soumis aussi. Donc, des étudiants souvent à moitié incultes vont jusqu'à exiger des rééducations idéologiques pour des savants, un peu dans l'esprit des gardes rouges de Mao. Ce n'est d'ailleurs pas, on le verra, la seule ressemblance entre ces sympathiques jeunes gens et les militants de l'Unef.

L'affaire des *Suppliantes* est à cet égard significative. La pièce d'Eschyle raconte l'accueil de ce qu'on peut appeller des « migrantes », fuyant l'Égypte où on veut les marier de force, et accueillies en Grèce. En modernisant le propos, on peut y voir une pièce féministe et une pièce sur l'hospitalité accordée aux étrangers. En maquillant de noir ses comédiennes, le metteur en scène ne faisait que souligner ce type de message : les suppliantes sont des Africaines demandant l'asile en Grèce.

On peut se demander quel rapport il peut y avoir avec le *blackface*, qui fut pratiqué aux États-Unis par des Blancs pour singer les Noirs. En se maquillant en noir, les actrices des *Suppliantes* redonnent au contraire place à la négritude dans le théâtre antique. Confondre un hommage et une moquerie demande une solide dose de bêtise ou de mauvaise foi. C'est pourtant en parlant de *blackface* que des étudiants de la Sorbonne et des militants racialistes ont empêché la représentation. Ce n'est pas seulement un contresens total : cela procède de la volonté forcenée de trouver partout du racisme, y compris lorsqu'il s'agit très précisément du contraire.

Cela dit, on ne peut pas non plus négliger, dans ce genre d'action, la bêtise et l'inculture crasse qui empêchent de comprendre le contexte, le sens d'une démarche, le message transmis. Mais inculture et bêtise dogmatiques, donneuses de leçon, violentes. Car c'est par la violence et les insultes que la représentation a été empêchée à la Sorbonne, traumatisant certaines comédiennes. Les responsables de cet acte d'obscurantisme et de barbarie ont été le Conseil représentatif des associations noires de France, la Brigade anti-négrophobie et l'Unef. Si c'est cela l'antiracisme en acte, alors l'antiracisme se déconsidère totalement. Il agit pour favoriser ce qu'il prétend combattre. Mais ni Michel Wieviorka ni Pap Ndiaye, membres du conseil scientifique du Cran, ne se sont fait entendre à cette occasion.

Rappelons aux militants « antiracistes » de l'Unef que la Révolution culturelle a débuté en Chine par des attaques contre une pièce de théâtre, *La Destitution de Hai Rui*, jugée trop à droite. Bien entendu, l'auteur fit son autocritique, comme cela se pratique aujourd'hui. Il est néanmoins arrêté par les Gardes rouges, composés de lycéens ou étudiants. Ceux-ci se déchaînent partout dans le pays. Artistes, écrivains, intellectuels, universitaires sont destitués, molestés, humiliés. Le tout avec les meilleures intentions, et dans le but de créer un monde meilleur et plus juste. La « classe bourgeoise » était coupable par essence aux yeux des Gardes rouges.

Aujourd'hui, c'est la même idée, mais transposée en termes de race : le « Blanc » est coupable par essence. Ou, comme le dit Maboula Soumahoro, un Blanc ne peut jamais avoir raison contre un Arabe ou un Noir (je prétends, pour ma part, avoir parfois raison contre mon fils aîné, si cela ne la dérange pas). Mais les activistes de l'Unef manquent du minimum de culture politique qui leur permettrait de réfléchir au sens de leur action. Le radicalisme est toujours séduisant.

L'argument que les militants identitaires opposent lorsqu'on argue que le message n'est en rien raciste, au contraire, c'est qu'au lieu de grimer des acteurs blancs en Noirs, il faut que les Noirs tiennent les rôles de Noirs. Il y a eu une époque, il faut le reconnaître, où même les rôles d'Indiens étaient interprétés par des Blancs dans certains westerns. Il n'est pas mauvais qu'on ait fait quelques progrès en la matière. Cela n'empêche pas que, dans l'histoire du cinéma, il y ait d'extraordinaires réussites. Orson Welles ou Laurence Olivier faisaient-il du *blackface* en se grimant pour interpréter somptueusement Othello ? En tout cas, le grand compositeur sino-américain Bright Sheng a dû s'excuser, puis a démissionné, après avoir montré celui de Laurence Olivier à ses étudiants. Ceux-ci se plaignaient d'être agressés par ce film jusque dans un « endroit sûr ».

Si chaque minorité se met à exiger que les rôles soient systématiquement interprétés par une personne de la même ethnie que le personnage, les distributions vont devenir compliquées. À supposer même que ce soit toujours faisable, l'essence même du théâtre, c'est qu'un acteur interprète quelqu'un qu'il n'est pas. La couleur de peau, sur laquelle on se focalise, n'est qu'un des aspects de l'infinie variété de caractéristiques humaines qu'un acteur doit endosser. Une très vieille tradition théâtrale attribuait les rôles de femmes à des hommes, et inversement les rôles d'hommes à des femmes. Sarah Bernhardt a joué Hamlet, et l'année suivante le duc de Reichstadt, deux jeunes gens, alors qu'elle avait 55 ans. Un acteur doit pouvoir être un infirme, un sadique, un fou, un génie, un guerrier nordique, un vieux Chinois. Ce serait absurde d'exiger qu'on ne joue que ce qu'on est dans la vie. C'est tout le sens du théâtre : tout homme peut se mettre à la place d'un autre. Ce qui implique qu'il apprenne à le comprendre. En quoi le fait que Laurence Olivier se grime en Noir serait-il une offense ? Et pourquoi pas un hommage ?

C'est l'idée même de théâtre que nie l'Unef, une association étudiante qui devrait avoir à cœur de défendre la culture. Le militantisme aveugle aboutit à une authentique haine de la culture. On en a vu un autre exemple, particulièrement choquant, lorsque des militants identitaires s'en sont pris à Ariane Mnouchkine. Les acteurs de son théâtre, à Paris, dont des réfugiés venus de toutes les parties du monde, avaient répété la pièce *Kanata*, mise en scène par Robert Lepage, sur les oppressions subies par les Indiens du Canada. Lorsque le spectacle est arrivé au Canada, des Indiens ont protesté parce qu'il n'y avait pas d'acteurs autochtones dans la distribution. L'un des soutiens financiers du spectacle s'est aussitôt retiré.

« L'art de l'acteur, c'est justement de se faire l'autre », avait déclaré Ariane Mnouchkine à cette occasion. Et « les cultures ne sont les propriétés de personne ». Elle a rappelé que, sous les nazis, les acteurs juifs ne pouvaient jouer que pour un public juif. Aucun metteur en scène n'a autant travaillé qu'elle sur les autres cultures, et on garde en mémoire son *Indiade*, par exemple, ou son *Dernier Caravansérail*, sur l'Afghanistan. Comme d'habitude, on ne s'en prend pas à des artistes enfermés dans un univers étroit, dans des formes conservatrices, mais à des créateurs ouverts sur le monde et les autres, modernes, généreux. La censure identitaire prend les mêmes cibles que si elle était une institution réactionnaire, et ce n'est sans doute pas un hasard.

Mais revenons à l'atmosphère délétère qui s'installe dans les universités. Là encore, cela commence dans les pays anglo-saxons, et le supposé *blackface* dénoncé par l'Unef est une importation culturelle d'outre-Atlantique. Dans les universités américaines se reproduit, *ad libitum*, le même schéma : des activistes ou des étudiants montent en épingle un mot, une phrase d'un professeur. Ils se déclarent mis en danger, stressés. Réclament aussitôt des excuses, ou le renvoi du professeur en question. L'administration ne le défend pas. Le professeur quitte son emploi, ou est suspendu, ou fait des excuses. Et là encore, ce qui frappe, c'est que dans l'immense majorité des cas, ce ne sont pas des discours racistes qui sont visés, c'est même souvent le contraire : le professeur analyse les discours racistes, mais ses citations sont considérées comme offensantes.

C'est ce qui est arrivé à Lawrence Rosen, professeur d'anthropologie, qui donnait à Princeton, en 2018, un cours sur les discours de haine. Le mot « nigger » en était un exemple. Il s'agissait donc de l'analyser comme exemple de ce type de discours. Mais certains étudiants ne l'ont pas supporté et ont quitté son cours, puis se sont plaints. Rosen a mis fin à son cours.

Tout récemment, le professeur Gordon Klein, de l'université de Californie à Los Angeles, a refusé d'accéder à la demande d'une étudiante d'adapter les notes pour ses étudiants noirs, en remarquant qu'il n'avait pas à les identifier par leur race, et qu'il ne voyait pas comment il pourrait faire pour les métis. Il a cité Martin Luther King, qu'on peut difficilement soupçonner de négrophobie, qui avait déclaré que les gens ne devaient pas être jugés selon leur couleur de peau. La suite est prévisible : pétition, appel au renvoi, etc. Et cours suspendu, bien sûr. Dans la même université, un professeur a fait l'objet d'une demande de renvoi pour avoir prononcé le mot « nigger »... En lisant une lettre de Martin Luther King !

En 2020, à l'université d'Ottawa, Verushka Lieutenant-Duval explique à ses étudiants les techniques de réappropriation des mots insultants par les militants homosexuels ou noirs, tels que « queer » dans le premier cas, « nigger » dans le second cas. Il s'agit donc clairement de montrer comment les insultes sont retournées en armes contre les discriminations. Mais certains étudiants s'offusquent du mot. Son adresse circule. La professeure est bombardée d'insultes sur les réseaux sociaux. Au lieu de la protéger, l'université la suspend. Le recteur de l'université estime en effet que « les membres des groupes dominants n'ont tout simplement pas la légitimité pour décider ce qui constitue une micro-agression ». Quant à Justin Trudeau, le premier ministre canadien, tout ce qu'il a trouvé à dire, c'est que « le racisme anti-Noir est à la fois odieux et illégal », comme s'il y avait eu racisme en l'occurrence, et sans un mot pour défendre la liberté d'enseignement. Et, comme c'est de plus en plus le cas, la professeure renvoyée pour avoir analysé l'usage antiraciste des mots juge nécessaire de s'excuser. Là encore, on songe aux procès de Moscou, où les accusés reconnaissaient les charges les plus absurdes.

Mais la palme du délire revient à cette réaction suscitée, à l'université de Californie du Sud, par un cours où le professeur a prononcé le mot chinois « ni-ge », qui ressemble à *nigger*. Devant le tollé de certains étudiants, le professeur a été remercié, la direction déclarant inacceptable d'utiliser des mots qui peuvent blesser. Même si c'est un autre mot, donc. Suite amusante : d'autres étudiants protestent contre l'offense faite à la minorité chinoise. Le *woke* nous promet bien des situations comiques.

Ces « malaises », situations d'« inconfort », d'« insécurité », même en tenant compte de la situation particulière aux États-Unis (et on retrouve les mêmes mots en Angleterre et en France) paraissent très surjoués dans le cadre d'une université. Surjoués, et appris : dès lors qu'on enseigne de manière dogmatique que tout Blanc est raciste, que la société occidentale fonctionne sur un « racisme systémique », le résultat est fatal, plus rien ne peut être entendu. Par conséquent, on en arrive à ce fétichisme absurde du mot, qui se substitue à toute tentative d'analyse, à tout effort de réflexion, et, *in fine*, joue contre l'antiracisme.

« Nigger » est devenu un terme tabou outre-Atlantique. Pour le désigner, on dit « N-word », avec cette délicieuse hypocrisie qui caractérise parfois la culture protestante. Pourtant, contrairement à « crétin » ou à « motherfucker », le terme n'est pas en lui-même, dans sa dénotation, insultant. Comme le mot « nègre », son origine est le latin *niger*, qui veut dire tout simplement noir. Ce qui le rend insultant, raciste, tient de la connotation, de la situation : l'histoire de l'usage du mot, le contexte d'énonciation, la personne qui le prononce. Le fétichisme du mot est un contresens, puisque si le contexte change, la connotation change : un professeur d'université bienveillant et non raciste, se livrant à une analyse du sens du mot, change le contexte, donc la valeur insultante du mot. Un minimum de sémantique semble au-delà des capacités de certains universitaires et de certains étudiants.

On dira que ce qui est reproché à l'énonciateur, dans ces cas de figure, c'est d'être blanc. Un exemple intéressant de cette fétichisation par le locuteur est celui de ce rappeur américain, Kendrick Lamar, qui utilise le mot « nigger » dans une chanson, comme beaucoup de Noirs le font aux États-Unis (ou comme les Antillais le font en France pour le mot « nègre »), mais refuse que ce mot soit prononcé par une admiratrice blanche, qu'il avait invitée sur scène pour l'accompagner dans la chanson où figure le mot. Ce qui ressemble fort à un piège assez pervers.

Il y a en fait un enjeu stratégique : sous la posture de victime, il s'agit d'utiliser la culpabilisation, toujours présente (les excuses deviennent rituelles dans ce genre de situation) pour s'assurer un pouvoir. De simples étudiants peuvent pour peu de choses s'offrir la jouissance de faire renvoyer un professeur, de faire trembler l'institution, de faire interdire un spectacle. Ce qui frappe souvent, c'est l'arrogance de militants étudiants qui découvrent l'antiracisme et veulent faire la leçon à des professeurs qui en étaient des défenseurs avant même qu'ils soient nés.

Plus généralement, le militantisme identitaire dessine des espaces exclusifs les uns des autres, non communicants. D'où l'usage, fait notamment par l'Unef, des réunions non-mixtes à l'université, soi-disant pour que les victimes puissent se parler entre elles (remarquons au passage que ce qui pourrait être admis dans un cercle privé ne peut pas l'être dans ce lieu public, qui appartient à tous, ce lieu qui a vocation à l'échange et au brassage qu'est l'université). Il s'agit d'entériner l'idée que les races (même s'il n'existe pas de « races » au sein de la race humaine), les sexes, les genres, n'ont plus rien à se dire et s'enferment en eux-mêmes. De célébrer les funérailles de l'universalisme. Or, les mots, les cultures, pas plus que les idées, ne sont la propriété de personne. Ils sont le bien commun. Interdire un mot, c'est interdire des idées et renoncer au partage.

Aux États-Unis toujours, les idées wokistes et pseudo-antiracistes aboutissent à un nettoyage culturel. On brade l'héritage. Au nom du progrès, c'est une nouvelle forme d'obscurantisme qui s'installe. Obsession raciale, censure, autodafés de livres, table rase du passé, renvois de professeurs, violence, décidément, ces militantismes qui se prétendent libérateurs ont de fâcheuses ressemblances avec le totalitarisme nazi. Au nom du Bien, évidemment.

Et ceux qui prétendent ainsi œuvrer pour la Justice et le Bien ne reculent devant aucune cruauté. La superintendante du district scolaire de Toronto, au Canada, a retiré le soutien de son organisme à une rencontre de jeunes élèves avec Nadia Murad. De quel acte inqualifiable celle-ci s'est-elle rendue coupable? Membre de la minorité yézidie persécutée et massacrée par Daech, Nadia Murad est prix Nobel de la paix, et a publié un ouvrage où elle raconte sa captivité et son viol par les fanatiques de Daech. Mme la superintendante a estimé que cela pourrait nourrir l'islamophobie.

Ne nous croyons pas à l'abri de ce radicalisme intolérant qui détruit l'enseignement supérieur anglo-saxon. Dans les universités françaises, les professeurs qui ne pensent pas bien ne sont désormais plus à l'abri de la dénonciation et de l'interdiction de parler. Le grand linguiste François Rastier s'est élevé contre les études de genre et de race à l'université. Dans une démocratie, c'est son droit, et c'est son opinion. En 2020, il a prononcé à l'École normale supérieure de Lyon une conférence intitulée « Race et sciences sociales ». La veille, des associations étudiantes ont remis en cause la légitimité de cette intervention, en recourant comme d'habitude à l'accusation d'être d'« extrême-droite » : « Il ne nous semble pas acceptable que notre école, qui se veut pleinement ancrée dans les dynamiques contemporaines de la recherche, donne sa caution à la dérive droitière de quelques chercheur-euses s'exprimant à tort et à travers sur des sujets de société : l'exigence d'une institution universitaire n'est pas celle des plateaux télévisés ou des essais d'extrême-droite. » On peut être étudiant à Normale Sup et dire n'importe quoi, comme on le voit, en déversant les phrases toutes faites d'un langage de propagande.

Sylviane Agacinski est une « fasciste » bien connue, ancien professeur à l'EHESS. Elle a créé le Collège international de philosophie avec Jacques Derrida. Elle est l'épouse de Lionel Jospin, réactionnaire endurci, et a milité pour la parité hommes-femmes. Mais elle a le tort de s'opposer à la gestation pour autrui. On peut ne pas la suivre, on doit au moins reconnaître qu'il est légitime de se poser des questions sur une opération qui n'a rien d'anodin. Mais se poser des questions, c'est déjà être un fasciste. Par conséquent, les menaces et les pressions de militants LGBT, qui la traitaient (sans surprise) de « réactionnaire, transphobe et homophobe » ont abouti à ce que l'université de Bordeaux annule sa conférence.

Les écoles d'art ne sont pas non plus à l'abri. Dans *L'Art sous contrôle*, Carole Talon-Hugon a analysé de manière très fine la moralisation croissante de l'art. Dans une note, à la fin de l'ouvrage, ayant remarqué que « l'atomisation des revendications est indéfinie », elle se permet d'ironiser en poussant jusqu'à l'absurde la subdivision indéfinie des identités de genre et de sexualité, LGBTQI, etc. : « l'acronyme LGBT (lesbian, gay, bisexuel, transgenre) s'est récemment allongé en LGBTQIA+ (Q pour Queer, I pour intersexes, A pour asexuel). Mais le "+" laisse ouverte la possibilité que d'autres préférences en matière sexuelle (fétichisme ? zoophilie ? pédophilie ?) revendiquent leur égale légitimité[10]. »

10. Carole Talon-Hugon, *L'Art sous contrôle*, PUF, 2019, p. 138.

Horreur ! Abomination ! On ne rigole pas avec ça, malheureuse ! Le simple contenu de cette parenthèse a suffi à renvoyer aux enfers de l'extrême-droite tout un ouvrage mesuré et respectueux. Par ailleurs, la remarque n'est pas si absurde, et on peut imaginer toutes sortes de préférences sexuelles défendues par leurs pratiquants. Il y a cinquante ans, nous l'avons dit, refuser la pédophilie, c'était être un bourgeois réac.

Carole Talon-Hugon devait donner une conférence dans une école d'art de Nice rattachée à l'université. Il y a toujours un délateur de service. En l'espèce, ce fut Thomas Golsenne, universitaire, qui dénonça « un livre plein de préjugés homophobes » (c'est rigoureusement faux) et invita le public de la conférence à apostropher la conférencière sur ce point. Ses vœux furent comblés. La conférencière fut accueillie par des affiches dénonçant les « discours de haine » (où sont-ils ?), la conférence, à peu près boycottée, fut perturbée par une étudiante qui ne cessa de traiter Mme Talon-Hugon de « pédophile » et d'apologiste du viol, en présence d'un directeur, Sylvain Lizon, indifférent à ce qui se passait sous ses yeux. Et depuis, Carole Talon-Hugon, autrice d'une des plus importantes réflexions contemporaines sur l'éthique de l'art, n'est plus la bienvenue dans certaines écoles d'art.

En revanche, les futures élites politiques sont formées à penser en termes de race et de genre. Sciences Po dispense des cours d'études de genre et un cours de « sociologie de la race » dont le programme est le suivant :

> Séance 1 – Introduction : généalogie de l'idée de race ; Séance 2 – Les principes du constructivisme racial ; Séance 3 – La

> France face à la race : débats sociologiques et controverses politiques sur le concept de race ; Séance 4 – Mesurer la race ? Une approche quantitative des inégalités ; Séance 5 – Décrire la race ? Une approche qualitative de la racialisation ; Séance 6 – Race, nation, colonialité ; Séance 7 – Corps, santé et racialisation ; Séance 8 – La blanchité dans l'hégémonie raciale ; Séance 9 – Intersections : race et classe ; Séance 10 – Intersections : genre et sexualité dans les constructions raciales ; Séance 11 – Intersections : la sociologie de la race face à la religion ; Séance 12 – Race, identité(s) et socialisation.

Comme on le voit, l'idée que race implique nécessairement inégalité n'est pas sujet de discussion, c'est une idée préétablie. Les étudiants sont invités à lire les travaux de Colette Guillaumin, qui a introduit le terme « racisé ». Cette idéologie militante a réussi à se faire passer pour un savoir indiscutable.

Brûlons les classiques

La mode est de s'en prendre à l'héritage gréco-romain. C'est ainsi que le département d'études classiques de l'université de Wake Forest, en Virginie, propose un séminaire intitulé « Les Classiques au-delà de la blanchité » décrit de cette manière :

> Notre but est de comprendre et d'évaluer le monde grec et romain comme des ensembles, et d'examiner leur influence, pour le meilleur et souvent pour le pire, sur le monde moderne [...]. Un étudiant récemment diplômé qualifie notre

> département d'« inclusif, intersectionnel, critique dans un sens positif [...] ». La Grèce et la Rome antique étaient des sociétés méditerranéennes plutôt qu'« européennes » [...]. Elles ont été influencées par des échanges culturels non violents avec des civilisations d'Afrique, du Proche-Orient, de l'Inde, d'Asie centrale et d'Europe du Nord [...] Les Grecs et les Romains n'étaient pas blancs, quand bien même nous constations que, dans un passé récent, les suprémacistes blancs ont tenté, non sans succès, de les redéfinir comme blancs.

Apparaît à nu, dans cet exemple caricatural, la volonté de tordre l'histoire pour la faire se conformer à une idéologie (cela même dont sont accusés des « suprémacistes blancs »). Les civilisations grecque et romaine sont d'une telle richesse, elles ont été d'une importance si déterminante dans la formation de la culture européenne, qu'il faut à tout prix trouver les moyens de les détacher de l'Europe. Car les Noirs pourraient, bien sûr, se sentir offensés de n'être pas partie prenante de cet exceptionnel moment de productivité littéraire, artistique, juridique, politique, qui a laissé au monde un legs extraordinaire. Justement parce qu'on raisonne en termes de couleurs, ce qui est hors de propos pour l'étude de ces civilisations. Et lorsqu'on tombe sur de grandes civilisations qui sont « blanches », critère d'une pertinence aveuglante, on est embêté, il faut donc trouver tout et n'importe quoi pour les détacher de la « blanchité ». Le jugement de valeur est ici omniprésent, comme si l'on pouvait fonder une étude sérieuse de l'histoire et des civilisations sur des jugements de valeur.

Il faut que les Grecs et les Romains soient « méditerranéens », afin de pouvoir dénier à la méchante Europe d'être le siège de ces brillantes civilisations. Ils ont bien entendu été influencés par d'autres cultures (comme toutes les civilisations), afin de montrer que ce qu'ils ont apporté était quand même un peu africain. Enfin et par-dessus tout, ils n'étaient pas Blancs. Qu'étaient-ils donc ? Noirs ? Jaunes ? Verts ? Il faut reconnaître que les portraits qui nous sont restés de César, de Périclès, de Trajan ou d'Alexandre le Grand accusent des traits typiquement bantous, et parfois pygmées.

On atteint là un degré de non-scientificité qui laisse pantois, l'idéologie est prête aux assertions les plus ahurissantes pour conforter ses prérequis les plus moralisants. Les étudiants de Wake Forest vont donc passer leur temps à apprendre en quoi César, Platon, Aristote, Cicéron, Plutarque, Tacite, Sénèque, Virgile, Homère, Pétrone, Sophocle n'étaient pas blancs. Ce qui leur évitera d'essayer de comprendre et d'assimiler l'infinie richesse de pensée et de sensibilité que recèlent ces œuvres, qui ont nourri la pensée occidentale pendant des siècles. Car l'important, c'est la couleur. Comment montrer de manière plus pertinente que l'obsession pour la couleur de peau devient une manière d'évacuer toute culture, toute compréhension, tout sens de l'histoire ? L'emprise culturelle des Grecs et des Romains est, il est vrai, frappante : la masse de la population est intoxiquée par sa lecture de Plutarque, les jeunes sont imbibés d'Aristote et de Virgile, c'est bien connu.

Mais cette démarche devient courante aux États-Unis. Des professeurs de lettres classiques accusent leur propre matière d'être liée à la « blanchité ». À Princeton, Dan-el

Padilla Peralta affirme que « la production de la blanchité réside dans les entrailles même des études classiques », tandis que Johanna Hanink estime qu'elles sont « complices de la suprématie blanche ». Quant à Walter Scheidel, professeur à Stanford, il se « débarrasserait » volontiers des lettres classiques. Pour sa part, Donna Zuckerberg accuse la discipline d'être impliquée dans le « fascisme et le colonialisme », la « suprématie blanche » et la « misogynie ». Tout y est, il ne manque que la transphobie, mais on finira bien par trouver quelque chose. Ce dont ils rêvent, c'est d'un nouveau cataclysme culturel, d'un nouvel incendie de la bibliothèque d'Alexandrie.

Les propos de Peralta ont été tenus à une conférence de la Society of Classical Studies. Il a conclu en disant : « J'espère que la matière va mourir, et le plus tôt possible », non pas sous les huées, mais sous les applaudissements des spécialistes de l'Antiquité réunis là. Sur son site, il appelle à « tout détruire par les flammes ». C'est sans doute, en tout cas pour le moment, l'unique exemple d'un spécialiste d'une matière appelant à sa disparition, sur la seule base d'un jugement moral anachronique. Cela fait froid dans le dos.

Rien ne s'oppose à ce que cela arrive en France. Déjà, en 2019, l'exposition Toutankhamon a été contestée par certains activistes, estimant que l'exposition « occultait » le fait que les pharaons égyptiens étaient Noirs. La Ligue de défense noire africaine proclamait : « C'est la falsification de l'histoire africaine, le blanchiment de l'histoire, et dans cette dynamique-là, il y a le blanchiment de la civilisation égyptienne. »

Il faut souligner les accointances fréquentes de ce militantisme devenu fou avec la pensée complotiste : il y a un vaste complot occidental pour occulter la vérité. À savoir que ce qu'on croyait blanc était noir, les grandes civilisations, les sciences, les découvertes. Prendre ses désirs pour des réalités… Je pense que d'ici quelque temps, un autre illuminé racialiste prendra conscience qu'il y a des Vierges noires en Auvergne, et en conclura que la Vierge Marie ressemblait à Tina Turner, et son fils à Miles Davis (on nous cache tout).

Dans les faits, c'est faux. Si quelques pharaons venus du Sud étaient en effet noirs, des recherches sur l'ADN des momies ont établi, en 2017, avant l'exposition, que les Égyptiens antiques ressemblaient à ceux d'aujourd'hui.

Il s'agit toujours d'introduire le militantisme, et un problème contemporain, dans l'étude et la recherche portant sur d'autres civilisations. Que les classiques aient pu être parfois récupérés par des politiques de droite, c'est sans doute vrai, mais c'est secondaire, cela n'a rien à voir avec leur apport, et c'est un détournement de sens comme l'histoire en connaît sans cesse. Il convient d'essayer de se placer sur un autre terrain, et non de faire la même chose dans l'autre sens.

Mais l'idéologie, ici, se fait l'auxiliaire de la barbarie et de l'obscurantisme, lorsqu'il s'agit de faire disparaître une inestimable richesse culturelle. Que l'on songe un instant aux théories atomistes des présocratiques, à Homère, à la philosophie de Platon, aux mathématiques d'Euclide ou d'Archimède, à la tragédie grecque ou aux doctrines épicuriennes, sceptiques, stoïciennes, parmi des dizaines d'autres exemples. Ces professeurs sont les Vandales et les Wisigoths d'aujourd'hui, saccageant l'empire, faisant retomber l'Europe dans quatre siècles de misère culturelle. Et cette barbarie revendiquée est le produit d'une culture du ressentiment: si on a du mal à démontrer que la culture classique n'est pas blanche, détruisons-la.

Mais la culture aztèque n'est pas constituée que de choses sympathiques, ni la culture russe, ni la culture japonaise, ni la culture arabo-musulmane, ni la culture persane, ni la culture chinoise, etc. Avec les principes défendus par Peralta et ses semblables, c'est en réalité toute culture qui doit disparaître. Car le propre d'un système de représentation symbolique, c'est, d'une part, qu'il doit donner un sens au Mal, d'autre part qu'il appuie un pouvoir et une religion, ce qui est le cas jusqu'au XVIIIe siècle, ou qu'il tente de s'imposer comme pouvoir.

Pour le moment, cette barbarie reste américaine, mais ne perdons pas espoir. En Italie, tout va bien. L'université de Turin organise en octobre 2021 un colloque intitulé « décoloniser le savoir dans les relations euro-méditerranéennes ». Le programme commence par mentionner le meurtre de George Floyd à Minneapolis, dont on se demande quel rapport il a avec les « relations euro-méditerranénennes ». On a tort, « tout cela est particulièrement pertinent » dans ce domaine. Car il s'agit de « décoloniser notre savoir », afin de « placer les relations euro-méditerranéennes sur un pied d'égalité ».

Le raisonnement est toujours le même: ma conception du Bien conditionne ma définition du Vrai. Et si le Vrai n'était pas le Bien ? Il faudrait supprimer le domaine de recherche. C'est une vieille idée que de croire que le Vrai est aussi nécessairement le Bien. Elle était à la base de systèmes coercitifs, qui faisait de la morale et la loi sociale les conditions nécessaires du savoir. C'est contre cela que la science s'est construite. C'est contre ses équivalents contemporains qu'elle doit résister à nouveau.

La recherche sous emprise

Dans *Ce que le militantisme fait à la recherche*[11], Nathalie Heinich donne une analyse acérée de l'invasion de la recherche par l'idéologie : « Déficit de curiosité intellectuelle et de rigueur scientifique, radicalisme borné, lâcheté individuelle protégée par la meute, jouissance perverse du pouvoir exercé par la culpabilisation, par la menace ou par la force : voilà donc quelques-uns des effets du militantisme académique. (p. 39) »

On assiste dans le domaine de la recherche en France à un déluge de thèses, séminaires, colloques, articles mixant de toutes les manières possibles « race », « genre », « queer », « décolonialisme », « féminisme », « intersectionnalité », « islamophobie ». Des postes universitaires sont expressément mis au concours pour ce type d'enseignement. C'est la mode. Elle passera aussi vite que les manteaux maxi ou la « nouvelle

11. Gallimard, coll. « Tracts », 2021.

philosophie ». Les poubelles de l'histoire intellectuelle ne tarderont pas à accueillir ces pensums soviétiques hautement périssables. Ils tournent en rond dans les mêmes obsessions sans rapport avec la réalité du monde, moulinent leur langage précuit, leur liturgie prévisible, où les verbes « interroger » et « questionner » reviennent sans cesse, marques d'un langage sacerdotal qui ne se pense plus, n'a plus conscience de lui, et se caricature lui-même jusqu'à plus soif.

Ce type de pensée est aussi scientifique que pouvait l'être la pensée de Lyssenko, qui voulait que la science se plie à l'idéologie marxiste et dénonçait la « génétique bourgeoise » les « idéalistes mencheviks » et les « positions de classe hostiles sur le plan théorique ». Il y avait une biologie marxiste et une « biologie réactionnaire » comme il y a aujourd'hui une sociologie décolonialiste ou une science non-blanche. Avec, comme aujourd'hui, de graves conséquences pour ceux qui n'étaient pas d'accord. Ses théories étaient relayées par certains scientifiques occidentaux et par le Parti communiste français. Roger Garaudy, avant de se convertir à l'islam, soutenait la biologie de Lyssenko, tout comme Aragon. Ce fut aussi le cas du directeur du CNRS, Georges Teissier. Comme on le voit, les directeurs du CNRS peuvent tout à fait verser dans l'imposture, du moment qu'elle se donne des allures de science et qu'elle est dans l'air du temps.

L'introduction du militantisme dans les sciences, la validation de concepts éminemment problématiques (comme l'« intersectionnalité »), l'utilisation d'un lexique qui se donne des allures scientifiques et s'impose par la répétition, sont des poisons pour la science. Une pensée scientifique n'a rien à voir avec la morale ou l'engagement politique, et tout à voir avec la possibilité de discuter la validité des concepts. En fait, ce type d'études militantes est pain bénit pour les esprits médiocres : Ils peuvent s'y légitimer à bon compte (comme le médiocre Lyssenko sur la génétique mendélienne) en maniant des concepts tout faits, en les appliquant sans discernement à n'importe quel objet, en rabâchant les mêmes discours, en se sentant confortés et justifiés par le sentiment d'être du côté du Bien, en participant à des colloques où tout le monde est d'accord. Ils peuvent aussi prendre leur revanche sur des esprits plus brillants, qui se confrontent à la complexité, en les dénonçant et en compromettant leur carrière, quand la mode en cours leur permet de trouver des postes et des responsabilités en se conformant à ce qu'on attend d'eux.

Cela fait des carrières, ramasse des subventions, formate les esprits. L'Observatoire du décolonialisme recense avec une patience bénédictine les créatures pittoresques issues du ventre fécond de cette idéologie. Elles amusent et elles font peur à la fois. Cela tient de la tératologie et du cabinet de curiosités. Quelques exemples parmi des dizaines.

> Montpellier : La deuxième séance du séminaire « Démasculiniser les sciences humaines et sociales » se déroulera le 18 novembre 2020, de 17 heures à 19 h 30.
> École des hautes études en sciences sociales : « La condition blanche ; réflexion sur une majorité française », juin 2018.
> Thèse de doctorat en sociologie soutenue le 3 février 2021 à l'université Côte d'Azur : *(Dé)Construire la race : Socialisation et conscientisation des rapports sociaux chez les diplômé.e.s du supérieur.*

Thèse de doctorat en anthropologie sociale et ethnologie soutenue le 12 octobre 2020 à l'EHESS : *Artistes femmes, queers et autochtones face à leur(s) image(s) : pour une histoire intersectionnelle et décoloniale des arts contemporains autochtones aux États-Unis et au Canada (1969-2019).*
Thèse de sociologie en préparation à Paris-X : *Une politique de l'infamie : capillarité et pratiques capillaires chez les Afrodescendants et les Africains en contexte français.* Présentation : « Cette thèse porte sur l'étude des dominations politiques par le processus de racialisation des Afrodescendants/es et des Africains/es en contexte français par les représentations dominantes du cheveu crépu/frisé mué en stigmate raciale » [sic]
Thèse en langues et littérature anglaises et anglo-saxonnes, en préparation à Lille III : *Amphibiens ? : étude queer et décoloniale de littérature irlandaise.*
Thèse soutenue à Nantes le 16 novembre 2017 : *Religion et discrimination. Études psychosociales de l'islamophobie et de ses conséquences chez une population de confession musulmane.*
Thèse en arts soutenue à Lille III le 16 novembre 2018 : *Praxis queer, les corps queers comme sites de création et de résistance.*

Voici le genre de postes d'enseignant-chercheur qu'on trouve désormais ouverts au concours :

Paris-VIII Saint-Denis, 2021, philosophie ; nouvelles frontières de l'émancipation ; violences, intersectionnalités, subjectivations : « On en attendra une pratique de l'intersectionnalité réfléchie, non comme méthodologie régionale, mais comme mode de problématisation générique, transversale, susceptible de complexifier l'analyse des logiques de domination, dans leur épaisseur généalogique comme dans leurs configurations contemporaines, et de transformer les conditions de lisibilité des trajectoires individuelles et collectives de la subjectivation émancipatrice, des inventions de corps, de mémoire et de langage opérant dans la reconstruction d'une capacité politique. »

Toulouse-II, 2021, philosophie politique contemporaine (classe, genre, race): « Les recherches porteront sur l'implication des savoirs philosophiques dans la formation des théories critiques contemporaines et les débats qui les animent dans le champ des études de genre et du féminisme, de la théorie de la race, de l'écologie politique, des études postcoloniales et décoloniales. »
Toulouse-II, 2021, études anglophones: « Les principaux champs et thèmes de recherche portent sur la démocratie, les enjeux liés à la diversité et aux migrations, les clivages régionaux, les liens entre histoire et mémoire, les questions de transferts politiques ou culturels, la colonisation et la décolonisation, ou encore, les questions de genre, de race et d'intersectionnalité. »

Cours et séminaires:

Paris-VIII, « Habiter les marges des espaces littéraires »: « Tirer les leçons pratiques des apports théoriques des *gender*, et *colonial studies* dont les travaux ont montré la domination du champ épistémologique et artistique par les hommes blancs hétérosexuels. »
Toulouse: « Penser les décolonisations, queer/cuir. »
Sorbonne Université: « Décoloniser l'imaginaire. »
Montpellier: « Démasculiniser les sciences. »

Dans notre pays, rassurons-nous, le progrès est en marche. C'est ainsi qu'on a pu recruter, à la Sorbonne, Rachele Borghi, cas emblématique de cette liquéfaction de l'institution universitaire. Elle est spécialiste d'études « queer » et « porno-activiste militante ». « Des performances artistiques lui permettent de transmettre différemment ses résultats de recherches universitaires », et elle se déshabille pendant son cours. Rachele Borghi publie des articles du genre : « Et le bronzage de tes fesses dessine un cœur – Réflexions sur les expériences lesbiennes des plages ». Sans surprise, elle considère l'université comme une institution violente. Elle écrit, à propos des étudiants qui refusaient les examens en présentiel, combat d'une importance politique majeure :

> enfin, vous avez rendu manifeste que le savoir est politique, que l'université est politique. Elle est un lieu d'exercice du pouvoir et vous avez fait tomber à l'eau tous vos discours sur l'objectivité de la notation et du savoir scientifique. Je me réjouis car après cette semaine aucun.e étudiant.e pourra plus vous croire, penser que votre savoir dominant est le savoir.
> Je vous remercie beaucoup, car aucun.e des étudiant.es qui ont vécu ça pourra au deuxième semestre me reprocher que l'intersectionnalité est un seulement un concept abstrait, que la colonialité du savoir et du pouvoir est une idéologie, que la violence institutionnelle n'existe pas.

Tout ce qui infecte les universités américaines est là, déni de l'objectivité du savoir, idée de savoir dominant, etc. Voici un autre exemple de la prose de Rachele Borghi, dans une réaction aux accusations de Nathalie Heinich. L'orthographe et la syntaxe sont, comme au-dessus, scrupuleusement respectés :

> la question n'est jamais posée à partir de mes positionnement scientifique et des savoirs que je défend dans le livre. Plutôt ce que il est mis en discussion est le fait que je ne suis pas censée être considérée une scientifique à cause de mes démarches et de la personne que je suis. Il ne s'agit donc même pas d'un débat. La directrice du CNRS dans l'émission montre ne connaitre à rien mon travail, ni mon livre, ni mes articles, ni

> mes recherches, que d'ailleurs sont reconnues à niveau national et international et reprises dans des médias comme la Radio et Télévision Suisse (où je me suis recement rendue pour tourner une émission télé sur la nudité en tant que experte).

S'agit-il de la copie d'un professeur à la Sorbonne, ou d'un élève de CM dyslexique ? La plus prestigieuse des universités françaises a donc accepté de recruter une militante plus ou moins illuminée, qui n'écrit pas français, se targue d'être experte sur la nudité à la télévision en guise de caution scientifique, et estime qu'il n'y a pas d'objectivité du savoir scientifique. Et le CNU a vigoureusement défendu le bien-fondé de ce recrutement. À part ça, il ne faut pas s'inquiéter de ce qui se passe dans les universités, paraît-il.

Pour les activistes qui défendent Rachele Borghi, elle a le mérite d'expliciter ses positions militantes, contrairement à ceux qui ne le font pas en prétendant à l'objectivité. Nous sommes encore dans la vieille théorie postmoderne, qui a un demi-siècle, selon laquelle tout savoir est le produit d'un point de vue. La différence avec l'universalisme, c'est que l'universaliste le sait, mais qu'il s'efforce de tout faire pour élaborer des propositions universellement valables. Renonçant à la vérité, le militantisme renonce au partage universel de la vérité. Donc à la science. Voilà pourquoi l'invasion militante à l'université est dangereuse : elle se préoccupe de morale ou d'opinion politique, pas de vérité. Mais Rachele Borghi, c'est l'avenir radieux de l'excellence à l'université.

Conformément à une idéologie de la « libération » qui se respecte, elle dénonce la violence de l'institution universitaire. Mais lorsque ses propos et des captures vidéos de ses discours, qu'elle donne entièrement nue, sont reproduits par l'Observatoire du décolonialisme, elle charge cette même institution de faire la police et de censurer. C'est un peu l'attitude générale des rebelles institutionnels, genre Édouard Louis, qui proclament leur refus de la violence du système, de la police, de la justice, mais se précipitent chez les flics dès qu'ils ont un problème.

Ce qui est merveilleux, c'est qu'alors même que cette idéologie assure son emprise sur l'université, ses tenants se posent en victimes. Dès qu'on dénonce leur intolérance, leur manière de faire passer de l'idéologie pour une science, ils crient au maccarthysme ! Sandra Laugier et Albert Ogien ont publié en 2021 dans *L'Obs* une tribune hallucinante. Au moment même où la liberté est menacée un peu partout par l'activisme identitaire, où les institutions défendent à peine la liberté d'expression, la liberté d'enseigner, ils se plaignent des critiques adressées à ces idéologies. Deux professeurs chéris par le système académique, croulant sous les honneurs, les détachements, les subventions somptuaires crient à la persécution. Il s'agit pour eux d'« attaques contre la science ». S'en prendre à Rachele Borghi, comme je viens de le faire, est une attaque contre la science. Le but de ces critiques, écrivent-ils sans honte, en inversant la réalité, « est que les travaux scientifiques soient discrédités sur un soupçon, que les enseignements soient marginalisés avant si possible d'être interdits ». C'est exactement ce qui se passe au nom du décolonialisme et du genre. Le propos est d'autant plus obscène qu'il intervient peu de temps après que la vie de deux professeurs de Sciences Po a été mise en danger au nom de cette idéologie qu'ils présentent comme persécutée, après toutes les interdictions de parler que nous avons évoquées. Laugier et Ogien ont-ils un seul contre-exemple à opposer à tous ceux qui sont donnés ici ? Qui est persécuté ? Où est la tyrannie des pouvoirs publics, qui promettent mollement de défendre la liberté d'expression sans rien faire de concret ? Quand ils tentent de protéger les libertés académiques, Laugier, Ogien et consorts se proclament victimes d'une chasse aux sorcières.

Leur modèle est ce qui se passe à l'étranger, le monde merveilleux des universités américaines où cette idéologie règne sans partage : « Les questions du racisme systémique, des violences faites aux femmes, du sexisme et de l'homophobie, sont reconnues dans le monde académique global. » On admirera l'entourloupe intellectuelle : parce que ces questions se sont imposées dans les universités anglo-saxonnes, elles acquièrent le statut de sciences. Et ce qui relève du militantisme politique ou de l'opinion est légitimé comme savoir, non de par sa nature même, mais par sa domination. Voilà ce qu'est la science pour le wokisme.

Études de genre, études décoloniales

Les études de genre, c'est la science d'aujourd'hui, en sciences humaines. Elles nous viennent tout droit des États-Unis, en attendant le reste. L'université Paris-I, pour ne prendre que cet exemple, s'y adonne à une échelle industrielle. En 2021 : rencontre sur le genre, avec Sandra Laugier et Lauren Bastide, qui s'est illustrée en refusant de défendre Mila : « Ce que le genre fait aux sciences humaines et sociales. » Séminaire d'actualité éditoriale sur le genre. Lettre d'un institut de recherche de Paris-I sur « Genre et normativité ». Conférence sur « Genre et développement ». Dossier d'une revue de Paris-I sur le genre, où l'on va « se questionner sur le genre » (« se questionner », « interroger » signifie : dérouler un discours formaté). En 2020 : table ronde « Sexe, genre et orientation sexuelle face aux biais algorithmiques » (?). En 2019 : rencontre « La musique a-t-elle un genre ? » Rencontre : « Le genre de l'intégration européenne. » Colloque sur « Genre et industries contre-culturelles. » En 2018, table ronde sur le genre et la critique d'art. Colloque « Approches phénoménologiques du genre et de la race. » Table ronde sur le genre, avec, devinez qui, Sandra Laugier. Au programme :

> « L'espace du genre ou ce que la géographie fait au genre. »
> « Que faire le genre [sic] à l'histoire de l'Afrique coloniale ? »
> « Ce que le genre fait à l'institution culturelle et à ses publics. »
> « Des difficultés du genre en économie : ce que nous apprend le discours des économistes libéraux du XIXe siècle français. »
> « L'importance de l'intersectionnalité pour la philosophie (féministe). »

Je passe les ouvrages, les articles, les thèses. C'est inépuisable. C'est un torrent. On ne s'en lasse jamais. On en redemande. Encore ! Genre et physique quantique. Genre et comportement des lémuriens. Genre et cultures céréalières.

Genre en Ourartou sous Argishti Ier. Genre et fosses sous-marines. Genre et contrepoint dans la musique baroque. Tant de champs du savoir à explorer!

Désormais, l'ANR, l'Agence nationale de la recherche, exige que les projets de recherche prennent en compte la dimension du genre:

> Demander aux porteurs/porteuses de projets de décrire dans leur document scientifique comment elles/ils prennent en compte la dimension sexe et/ou genre dans leur projet de recherche: généralisation à l'ensemble des appels à projets lancés par l'Agence [...] Introduire un critère d'évaluation sur la prise en compte ou non de cette dimension sexe et/ou genre dans les projets de recherche soumis aux AAP de l'Agence.

C'est, en moins complexe, un peu ce qu'était jadis l'approche marxiste du texte littéraire. Un texte littéraire est par nature complexe, ambigu, polysémique. Mais les lectures militantes disposent d'une clé, toujours la même. Pour reprendre un mot de Gracq, elles n'ont plus qu'à disposer le texte en forme de serrure. C'est le degré zéro de l'herméneutique. Avec le risque de moralisation qui va avec. Car dès qu'on s'adonne à des études de genre, on en arrive vite à faire la morale aux écrivains. Dans les faits, c'est en général l'introduction du militantisme féministe dans la recherche.

Les siècles passés n'étaient guère féministes, sauf exception. Ils n'étaient pas toujours non plus exempts de racisme. Mais quel merveilleux, quel inépuisable réservoir de textes ou d'images où l'on pourra, jusqu'à plus soif, décortiquer toutes ces représentations, tous ces préjugés. Il n'est plus vraiment nécessaire de penser, il suffit de varier les objets, auxquels on appliquera inlassablement la même grille de lecture.

En outre, les grands écrivains, les grands artistes du passé sont, dans leur immense majorité, des hommes, jusqu'au XXe siècle, où, fort heureusement, les choses commencent à changer. C'est certes regrettable, mais c'est ainsi, c'est la conséquence de la place qui était assignée aux femmes, et de l'éducation qui leur était donnée. Le mouvement néo-féministe considère que les femmes artistes ont été occultées, « invisibilisées », pour utiliser le langage de la liturgie militante. Il convient de les mettre en lumière. C'est tout à fait juste : l'histoire de la littérature et des arts est aussi celle d'une incessante redécouverte et réévaluation du passé. Donc, pourquoi pas.

Il y a belle lurette que Marguerite de Navarre, Louise Labé, Mme de Scudéry, Mme de Lafayette, Marguerite Desbordes-Valmore, George Sand, Germaine de Staël ou Mme de Sévigné font partie du panthéon classique, sont étudiées et commentées, mais on peut tenter d'aller plus loin, se mettre en quête de trésors cachés. Cela risque d'être en grande partie peine perdue. Les conditions historiques ont fait que de telles femmes restent une exception. Il faudra se contorsionner pour trouver de l'intérêt à l'œuvre de Louise Colet ou de Pauline Craven. On a redécouvert assez récemment l'œuvre de Renée Vivien, écrivaine lesbienne et amie de Natalie Barney. J'ai dirigé une thèse sur elle. Œuvre intéressante, mais qui n'a pas de quoi sortir du second rayon.

On n'en finirait plus d'établir la liste des séminaires, cours, thèses, colloques, projets de recherche qui désormais se conforment à ces nouvelles injonctions. Il existe un master d'études de genre à Paris-I, et un département d'études de genre à Paris-VIII. Il y va aussi de la carrière, pour les thésards et les universitaires. La mode de ces sujets est d'autant plus suivie qu'ils bénéficient de fonds de recherche dispensés par l'Europe, et qu'ils permettent d'obtenir des postes, de publier, d'être invité à des journées d'études et de nourrir son CV. La prestigieuse université Paris-I Sorbonne, pour ne prendre que cet exemple parmi des dizaines, consacre un séminaire en 2021 intitulé « race et culture : questionnements philosophiques », qui se présente ainsi :

> Une importante partie de ces outils a été construite en réfléchissant à la position toute particulière de la France et du monde intellectuel francophone par rapport aux champs des *Racial studies*, *Black studies*, *Cultural studies* ou encore des théories du multiculturalisme massivement développées dans le monde anglophone. Les travaux français inspirés par ces approches critiques ont été particulièrement féconds dans de nombreux domaines en sciences humaines et sociales – sociologie, science politique, droit, démographie, histoire, littérature comparée... – mais ils restent comparativement peu développés et moins visibles en philosophie. L'enjeu du séminaire est d'offrir un lieu de réflexion pour rassembler, montrer et soutenir la dimension spécifiquement philosophique de la recherche sur la « question raciale et culturelle ».

Lorsque l'on s'interroge sur la pertinence de ces questionnements, ou du moins sur l'importance énorme qui leur est donnée, la réponse est très souvent une belle acrobatie rhétorique : puisque ces questions font l'objet de nombreux ouvrages, colloques et séminaires, cela prouve leur pertinence scientifique. Ce qui est une étrange conception de la validité scientifique. Ce n'est pas parce que l'idée d'une biologie conforme au matérialisme dialectique était admise par tous en URSS qu'elle était valide. Et c'est bien là le problème : l'idéologie envahit la connaissance, et ne semble pas s'interroger une seconde sur ses présupposés.

Ce type de recherche ne craint pas, jusque dans les colloques d'allure académique, de pratiquer le terrorisme intellectuel et la disqualification du contradicteur. De même que, pour les « décolonialistes », tout Blanc est nécessairement raciste, même s'il le nie, pour les néo-féministes, toute personne qui conteste la pertinence des études de genre est anti-féministe (un peu comme, pour beaucoup de critiques littéraires, celui qui n'aime pas Christine Angot perpétue les schémas patriarcaux). C'est affirmé de façon très explicite dans le programme du colloque « Rapports ordinaires au genre » organisé par l'université de Rennes en 2018 :

> Ce colloque interrogera la manière dont les discours ordinaires sur les excès et effets pervers du féminisme, ou encore le déni du genre comme catégorie d'analyse pertinente, les propos tenus sur les femmes, portent, implicitement ou explicitement, sur les modes de domination caractéristiques de différents espaces sociaux et constituent autant de manières de contester leur transformation ou de justifier leur perpétuation.

Ce type de programme est devenu habituel, quasiment rituel, et on sait à l'avance ce qui y sera dit, de même qu'on connaissait à l'avance les conclusions des congrès du PCUS. Le verbe « interroger » est désormais obligatoire dans le verbiage des commissaires d'exposition, des universitaires et des metteurs en scène, mais il n'a ici d'autre signification que rhétorique : les conclusions du colloque sont contenues dans son programme.

Quant aux colloques « décoloniaux », ils fleurissent à l'université. Rien que durant l'année 2015, deux ont été organisés. Un à Lyon-II, dont le programme est une condamnation sans équivoque du savoir « occidental », et carrément de la rationalité :

> Les imaginaires des Suds font vaciller depuis quelques décennies les fondements du récit univoque et ethno-centré de la modernité. Ils se renforcent au fur et à mesure que s'accentue la crise d'une rationalité occidentale qui semble de moins en moins capable de tenir les promesses qui l'avaient jusqu'alors légitimée (paix, liberté, égalité, progrès, prospérité, solidarité, etc.). Outre les épistémicides qu'elle a provoqués de tout temps et dans la plupart des régions du globe, cette forme de pensée n'a pas démontré, non plus, qu'elle était capable de contenir ses propres propensions éco-destructives et socio-destructives. Au contraire, il semble de plus en plus évident aujourd'hui qu'il existe une sorte de relation proportionnelle entre la dynamique de progrès conduite par l'Occident et la détérioration socioculturelle et environnementale planétaire.
> Il ne s'agit plus, dans ces conditions, de remplacer l'universel devenu caduc […].

C'est le parfait programme obscurantiste, qui propose une destruction de l'idée d'un savoir commun fondé sur la raison. L'universalité est évacuée sans problème, implicitement ici associé à l'Occident, cause de tous les maux, et notamment d'un « épistémicide », d'une destruction des savoirs, ce qui est savoureux pour annoncer un colloque organisé par une université occidentale, et plus encore quand on confronte ces assertions radicales avec l'énorme masse de savoir accumulée par les savants « occidentaux » sur les autres civilisations.

La même année, à l'université du Havre, on organise un colloque où il est question de la « colonialité du savoir ». On se réfère à des philosophes qui veulent « décoloniser les sciences sociales et l'université », ou qui créent des concepts tels que la « colonialité du genre », « système de genre binaire ou hétérosexuel dans lequel existent différentes hiérarchies de pouvoir. C'est à l'intérieur de ce système que l'homosexualité ou les identités transgenre ne sont pas reconnues ». En clair, la colonialité, imposée par l'Occident, est responsable de tous les maux, dont le rejet des homosexuels, dont on sait qu'ils sont parfaitement acceptés dans les sociétés arabes, chinoises, indienne ou latino-américaines. Conclusion de la présentation : Le Havre est une ville coloniale et devrait faire repentance. Françoise Vergès, qui a soutenu Houria Bouteldja, des Indigènes de la République, Assa Traoré, Tariq Ramadan et Sonia Nour (laquelle qualifiait les terroristes de « martyrs »), a prononcé le discours d'ouverture.

En 2021, c'est l'université de Montpellier qui organisait un colloque « Pour une histoire féministe et décoloniale de la philosophie. » On y « interroge », évidemment :

> L'histoire de la philosophie, comme discipline et comme champ de recherches, paraît aujourd'hui en crise. Sous l'effet du développement indépendant des études post-coloniales et décoloniales d'un côté, des études féministes et de genre de l'autre, de nombreux/ses chercheur·es défendent l'idée d'un nécessaire renouvellement, en profondeur, de ses méthodes et de ses objets.

> Les historien·nes de la philosophie continuent trop souvent à faire abstraction et à minoriser les théoricien·nes racisé·e·s, les femmes philosophes, réitérant ainsi l'exclusion ou la marginalisation dont ils et elles ont été les victimes en leur temps, qui n'est parfois pas si éloigné du nôtre. Or, l'exhumation de ces textes oubliés doit-elle se faire dans le cadre habituel de « l'histoire de la philosophie » ? Ne doit-elle pas, au contraire, nous conduire à en interroger le bien-fondé ainsi que les limites du discours philosophique lui-même ?

L'histoire de la philosophie a, en effet, retenu peu de philosophes noirs jusqu'au XXe siècle, et peu de philosophes femmes. Mais comme pour la littérature, dès lors que l'évolution des mœurs favorise leur apparition, personne ne songe à les négliger, ni Simone Weil, ni Hannah Arendt. En fait, le raisonnement est clair : puisque la philosophie ne satisfait pas nos prérequis moralisants, évacuons la philosophie. Ce biais mental est celui de toute la pensée décoloniale.

Ces multiples activités sont marquées par l'entre-soi, par un verbiage idéologique prévisible qui exclut toute véritable discussion. Tous disent la même chose, moulinent les mêmes mantras. Appelons cela des « colloques nord-coréens ». On est effaré de voir les universités s'enliser dans ces infinies répétitions, qui s'emploient à vérifier des conclusions annoncées d'avance.

Les mathématiques non blanches

Mais il y a beaucoup plus grave. Désormais, ce ne sont plus seulement les sciences humaines qui sont contaminées, ce sont les sciences dures. On découvre que les théorèmes mathématiques sont l'expression de la domination blanche. Même dans les domaines de l'esprit qui devraient être les plus universellement partagés (2 + 2 = 4 dans toutes les cultures et pour tous les humains), il faut introduire le virus identitaire. Il faut délimiter et cloisonner ce qui appartient à tous.

C'est ainsi qu'une professeure du Brooklyn College, à New York, Laurie Rubel, peut écrire: « 2 + 2 = 4 pue le suprémacisme du patriarcat blanc. » Et cette affirmation folle n'est pas dénoncée comme telle, mais gravement relayée et approuvée par de nombreux professeurs. L'idée est qu'il n'y a pas de vérité, pas d'objectivité, même les mathématiques ne sont qu'un produit culturel relatif, élaboré par des Blancs. Donc l'humanité ne peut pas se retrouver dans des vérités communes, et si les mathématiques ont surtout été créées par des Blancs, ce ne peut plus être un bien commun (au passage, Laurie Rubel semble ignorer qu'elle utilise des chiffres arabes pour parler de domination blanche). À l'horizon, ce qui se profile, c'est la mort de l'esprit scientifique, ce dont ne se plaindront pas les religieux les plus radicaux.

Cette nouvelle conception du savoir est à peine caricaturée dans cette bande dessinée satirique, où un directeur d'école explique à une professeure pourquoi il la renvoie: « En professant qu'un plus un font deux, vous heurtez les valeurs des élèves qui ne croient pas aux sciences !/ Mais un plus un cela fait deux, c'est incontestable !/ Je vous ai déjà dit d'éviter les jugements trop péremptoires afin de respecter les croyances de chacun[12]. »

Ainsi, au Canada, existe un groupement de chercheurs intitulé « *Decolonizing light* : repérer et contrer le colonialisme en physique contemporaine ». Leur programme de recherche précise sans rire : « La physique est un champ dominé par les hommes blancs, et donc un miroir des schémas coloniaux et des inégalités sociales. »

On se demande bien quel est le lien de cause à conséquence. En quoi la première théorie de la relativité est-elle un miroir des schémas coloniaux ? Ou la physique quantique un reflet des inégalités sociales ? On aimerait que cela soit démontré.

> Tout le monde connaît la lumière, toutes les cultures ont des connaissances sur la lumière. Toutefois, seules les connaissances de la physique sont considérées comme scientifiques. Nous sommes intéressé·e·s à explorer comment l'autorité des connaissances scientifiques coloniales s'est et est toujours reproduite dans le contexte de la lumière.

L'une de ces chercheuses déclare très sérieusement : « Les modes de connaissance autochtones ont été supprimés et marginalisés tout au long de l'histoire des universités, mais ils commencent enfin à être reconnus comme étant tout aussi valides que les sciences occidentales. »

---

12. Reuzé, Rouhaud, Bernstein et Haudiquet, *Faut pas prendre les cons pour des gens*, t. 3, Fluide glacial, 2021, p. 46.

Et tout cela, bien sûr, financé sans sourciller par le Fonds Nouvelles frontières en recherche, à hauteur de 163 000 dollars canadiens. Ce beau programme, rempli de belles intentions, de générosité et de morale est, mot à mot, une négation de ce qu'est la science. Résumons-nous : puisque tout le monde a des opinions sur la lumière, pourquoi la physique scientifique serait-elle la seule légitime pour en parler ?

Les conceptions des civilisations du passé sur la physique, la cosmologie, la géographie, appartiennent à l'histoire des idées. Elles ne manquent certes pas d'intérêt. Mais c'est en les invalidant que notre connaissance du monde a progressé, par la rigueur scientifique, qui est accessible à tout le monde, au-delà des représentations élaborées par les Grecs, les Aztèques, les Amérindiens ou les Sumériens. Oui, tout le monde a son opinion sur la lumière, sa représentation culturelle. Mais la science est justement cette discipline de l'esprit qui vise à s'arracher à l'opinion, au local, au partiel, aux croyances, aux illusions. Si on veut tenir compte des croyances traditionnelles, des conceptions religieuses, pourquoi ne pas en revenir à des représentations de la Terre plate, au centre du monde ? À une voûte du ciel semée d'étoiles fixes ? À une création du premier homme par les Dieux ? C'est passionnant, mais cela ne risque pas de faire avancer la connaissance. C'est l'obscurantisme que ces scientifiques dégoulinants de bien-pensance vont faire progresser.

La fondation Bill Gates a financé un programme intitulé *Un chemin vers un enseignement équitable des mathématiques : déconstruire le racisme dans l'enseignement des mathématiques.*

Ce programme a essaimé aux États-Unis, à l'université de Berkeley, et dans diverses institutions éducatives. C'est ainsi que le département Éducation de l'État de l'Oregon, aux États-Unis, a décrété que les mathématiques étaient trop colonialistes. Ses enseignants devront être formés au « caractère toxique de la culture suprémaciste blanche ». Il y aura, au programme, des « ethnomathématiques » (?), entre autres. En effet, il est regrettable que, lorsque les étudiants doivent apprendre les mathématiques à la manière occidentale, colonialiste, ils « désapprennent leurs acquis traditionnels », car « le concept de mathématiques objectives est absolument faux », qui « repose sur l'idée qu'il y a toujours de bonnes et de mauvaises réponses ». Bref, les mathématiques, c'est subjectif, et il y a des solutions plus ou moins vraies. L'approximation n'est pas blanche et colonialiste, elle.

Oui, une telle bouffonnerie est devenue possible dans notre *brave new world*, mais le grotesque ne doit pas cacher le côté terrifiant de l'entreprise. Ayant élaboré ce bien commun de l'humanité que sont les sciences, l'Occident entreprend de détruire le cadeau par pure culpabilité.

Un monde sans vérité, où tout peut être vrai ou faux, est prêt pour le totalitarisme, dans lequel la vérité doit se conformer à la doctrine politique. L'idée d'une science « ethnique » est, contrairement aux apparences et aux bonnes intentions affichées, une idée raciste. C'est Hitler qui voulait une science « aryenne ». Les nazis disaient ce que dit le département Éducation de l'Oregon : la science aryenne devait être moins formaliste et plus intuitive, par là même plus conforme au génie de la race. La physique moderne était trop abstraite, donc « enjuivée », comme la relativité d'Einstein ou la physique quantique.

Au lieu de considérer que l'enseignement consiste à faire découvrir à l'enfant, à l'étudiant, une autre vision du monde que celle de sa famille, de son milieu, de son origine, à lui apprendre qu'il y faut tendre vers une vérité objective, aussi difficile que ce soit, il s'agit ici de le maintenir dans son identité et de la conforter dans ses préjugés. C'est plus confortable, c'est moins difficile.

Sur ces questions, voici ce que dit le professeur de mathématiques à Princeton Sergiu Klainerman, qui a fui la Roumanie de Ceaucescu :

> À mon poste de professeur de mathématiques à Princeton, j'ai été témoin du déclin des institutions universitaires et culturelles, dès lors qu'elles ont adopté une idéologie politique. [...] Les tentatives de « déconstruire » les mathématiques, de dénier leur objectivité, de les accuser de préjugés raciaux sont devenues de plus en plus courantes. [...]. À la différence du totalitarisme classique pratiqué par les anciens pays communistes, comme la Roumanie où j'ai grandi, c'est une version douce. Elle n'impose pas son idéologie en emprisonnant les dissidents ou en les éliminant physiquement, mais par le discrédit social, le lynchage, [...] l'interdiction de parole. Lorsqu'elle atteint l'éducation, je crois que l'idéologie *woke* est plus nocive encore que le communisme à l'ancienne. Le communisme avait un fort sens de la réalité objective, enraciné dans la croyance que les humains sont capables de découvrir des vérités universelles. [...]. Rien dans l'histoire et la pratique courante des mathématiques ne justifie l'idée qu'elle dépend d'aucune manière de la race particulière ou du groupe ethnique qui s'y adonne. Pour des raisons historiques, nous

> discutons souvent des contributions au champ des mathématiques venant des Égyptiens, des Babyloniens, des Grecs, des Chinois, des Indiens et des Arabes et nous y référons comme à des entités distinctes. Tous ont contribué [...] à la création d'un superbe édifice accessible à tout homme et femme sur cette planète. [...] Toute l'histoire des mathématiques est fondée sur des définitions formulées clairement et l'établissement de faits. S'il n'en était pas ainsi, les ponts s'effondreraient, les avions tomberaient du ciel et les transactions bancaires seraient impossibles. [...] Il ne peut y avoir aucune justification pour prétendre, comme le font les activistes, que les enfants issus des minorités n'ont pas les capacités pour les mathématiques ou pour trouver « la bonne réponse ».

Le même a dénoncé l'assertion du président de l'université de Princeton selon qui Princeton, et toutes les institutions américaines, seraient systématiquement racistes, alors même que leurs efforts pour promouvoir la diversité sont patents. C'est une sorte de folie suicidaire qui s'empare des universités anglo-saxonnes, désormais obsédées par la « race », et prêtes pour cela à compromettre la qualité de leur enseignement. Cela gagne la France, avec le « décolonialisme ».

Les bibliothèques recadrées

Les bibliothèques aussi sont sommées d'être inclusives. Un groupe de député a proposé un amendement au projet de loi sur les bibliothèques, résumé ainsi :

> Cet amendement vise à assurer une parité des collections présentes dans les bibliothèques des collectivités territoriales ou de leurs groupements lorsque cela est possible.
> Aujourd'hui, aucune obligation de diversité des collections en termes de genre n'existe. Si des efforts spécifiques locaux peuvent être observés et méritent d'être loués, les femmes demeurent minoritaires au sein des collections des bibliothèques, comme elles le demeurent plus généralement dans la culture française, les musées ou les programmes scolaires. Nul ne peut ignorer les biais qui continuent de mieux considérer des œuvres produites par des hommes, après des siècles de socialisation et productions majoritairement masculines, biais qui se retrouvent lors des sélections des composantes des collections des bibliothèques.
> Pour ces raisons, et parce que les bibliothèques demeurent source culturelle majeure pour de nombreux.ses concitoyen.ne.s de tout âge, il apparaît opportun de favoriser une représentation paritaire des auteurs et autrices présenté.e.s dans les collections des bibliothèques. Si cet article garantit une composition pluraliste et diversifiée des collections des bibliothèques, il apparaît nécessaire de préciser la dimension genrée de cette diversité.

Précisons que ce projet délirant est signé, entre autres, par Martine Wonner, opposante complotiste à la politique de vaccination, et par Albane Gaillot, qui, lors d'un débat sur la loi Climat, a demandé que l'on prenne en compte « la dimension de genre » dans les débats sur « les effets du changement climatique, qui ont un impact différent sur les hommes et sur les femmes ». (Personnellement, je regrette que la loi Climat ne dise rien sur les nains, qui souffrent plus, étant plus près du sol, des gaz à effet de serre et des particules fines.)

Représentation paritaire ! 50-50, en gros. Faire plus de place pour les femmes du passé (au présent, la parité est à peu près réalisée) implique d'effacer des auteurs masculins. Faudra-t-il se débarrasser de Nodier ou Théophile Gautier pour loger les œuvres d'Eugénie de Guérin ? La surreprésentation des hommes dans la littérature est un fait historique. Elle est quantitative, mais aussi qualitative. On aura beau chercher, il n'y a pas de Baudelaire ou de Balzac féminin jusqu'au XXe siècle. On n'y peut rien, c'est ainsi. Tant mieux si ça change aujourd'hui, il y a eu Colette, Yourcenar, Sarraute, Beauvoir, grandes écrivaines dont la création a été rendue possible par la libération des femmes. Mais modifier l'histoire procède d'une pensée devenue folle.

La version totalitaire du féminisme n'est pas la seule à vouloir s'introduire dans les bibliothèques. Il fallait s'attendre à ce que toutes les identités soient désormais prises en compte. L'Association des bibliothécaires de France estime que « les personnes trans notamment ont des besoins spécifiques en termes de médiation, de collections, de gestion des inscriptions, d'accès aux sanitaires ». À cet effet, elle a créé une commission spéciale, intitulée « commission Légothèque ». En voici le programme :

> Cette commission vise à souligner le rôle d'accompagnement des bibliothèques dans la construction des individus en leur donnant accès à des collections, des espaces et des services. C'est par ce biais qu'ils ou elles peuvent interroger, construire et affirmer ce qu'ils ou elles sont, souhaitent être, se pensent être.

On pensait que les bibliothèques permettaient à chacun d'accéder à la culture, en étant guidé par des spécialistes. Non, il y va de la construction de l'individu.

Le thème identitaire envahit tout, comme si la fonction du livre n'était pas de dépasser ses particularismes, au lieu de s'y enfermer. On peut aussi se demander combien de personnes transgenres fréquentent les bibliothèques publiques, à combien de lecteurs sera utile cette mobilisation, cette modification potentielle des collections, des lieux, cette formation du personnel, ces commissions, ces réunions, ces rapports et ces discours. Si chaque minorité a les mêmes exigences, les ajustements sont potentiellement infinis. Mais les trans sont à la mode.

Et donc, de manière prévisible :

> Le groupe souhaite aborder trois angles de réflexion pour repenser missions, services, espaces et accès aux collections :
> – Interculturalité et multiculturalisme ;
> – Questions de genre ;
> – Orientation sexuelle et sentimentale.

Les questions de genre sont dans l'air du temps, on les introduit partout, mais qu'ont-elles à faire dans les bibliothèques ? Faudra-t-il introduire dans les collections, outre la parité entre écrivains hommes et écrivains femmes, un quota d'auteurs noirs, transgenres, homosexuels ? C'est bien ce qui se profile dans le questionnaire adressé par Legothèque aux lecteurs trans. Parmi les questions : « Trouvez-vous que les bibliothécaires sont suffisamment sensibilisé.es aux questions liées aux transidentités ? Et en quoi ? » À l'horizon, on aperçoit des stages de rééducation pour sensibiliser les bibliothécaires au racisme, au genre, aux LGBTQ+++, à la grossophobie, *ad libitum.* Toute une petite inquisition bien-pensante, satisfaite d'elle-même, traquant les insuffisances dans la soumission aux exigences identitaires, qui envahissent désormais tous les espaces publics, munies d'un discours victimaire qui permet de faire passer pour le méchant celui qui estime que le service public a d'autres priorités à traiter.

Mais les questions suivantes sont plus inquiétantes encore :

> Est-ce que la bibliothèque vous a aidé à trouver des infos/des représentations variées sur la transidentité (animations proposées, collections…) ? Dans quelle mesure les infos trouvées vous ont-elles suffit [sic] (documents pertinents, actuels, objectifs ?)
> Avez-vous trouvé en bibliothèque des documents qui vous ont semblé particulièrement malvenus voire malveillants sur les questions transidentitaires ? Et si oui, en quoi ?

On sent venir, avec prévenance, avec gentillesse, la surveillance des collections, la représentativité des minorités. Pourquoi, tant qu'on y est, ne pas demander aux femmes si elles sont blessées par la littérature du passé, aux musulmans s'ils trouvent assez d'ouvrages en rapport avec l'islam ? La parité généralisée, accouplée avec la volonté de ne déranger personne, est-elle une mission de service public ?

Cette idéologie fait désormais partie de la formation des bibliothécaires, comme en témoigne le mémoire soutenu en 2013 par Renan Benyamina pour obtenir un diplôme de conservateur de bibliothèque, intitulé : *Du placard aux rayons : visibilité des questions de genre dans les bibliothèques publiques.* Renan Benyamina a été conseiller pour le livre et le spectacle du premier adjoint à la maire de Paris, et dirige aujourd'hui les Ateliers Médicis, une résidence d'artistes située à Montfermeil, en région parisienne. Il écrivait dans son mémoire :

> Le genre permet de penser les épidermes en même temps que les représentations et offre donc l'occasion de réinjecter des corps au sein des bibliothèques, qui, se pensant souvent en temples de la pensée, les refoulent souvent à leurs seuils. Il permet aussi de réintroduire des questionnements sur les « races » et les classes. [...] Les rapports sociaux peuvent/doivent être des lunettes à travers lesquelles on réfléchit le service public. Un travail de médiation sur les thèmes des migrations, du colonialisme, des religions, du travail, de la famille, de l'économie de marché (etc.) nous paraît aussi nécessaire que sur le genre. Pour accueillir les populations à desservir, il faut exposer les nœuds qui jalonnent leur histoire et leur quotidien.

Les « corps » est un terme à la mode, tout droit venu de la pensée de Foucault. Le fameux humaniste Geoffroy de Lagasnerie l'adore. Les corps entrent bien dans les bibliothèques, il est bon qu'ils y ressentent paix et confort, mais pour mieux libérer l'esprit. C'est tout l'intérêt de celles-ci que d'offrir, justement, un espace neutre et réservé à la pensée et à la culture. Un espace où on laisse, non pas son corps, mais ses différences et son marquage identitaire. Ce qui est beau, dans une bibliothèque, ce qui est émouvant, c'est de voir une jeune fille noire, un homme blanc âgé en veston, une Africaine en costume traditionnel, un motard barbu en cuir recueillis ensemble, plongés dans la lecture de Flaubert. Qu'importe leurs différences ? Les mentionner même semble un non-sens. Ils oublient leurs déterminations. Flaubert les rassemble dans une même humanité. Mais leurs déterminations, on va se charger de les leur rappeler. Ce lieu de neutralité, il importe, bien sûr, de le démolir comme tel, et d'y introduire d'urgence des identités, donc des conflits. Et, comme on le voit, cela permet aussi de faire carrière.

Le lecteur est seul dans son face-à-face avec un écrivain. L'écrivain écrit avec tout ce qu'il est, avec toutes les dimensions de son identité. « Le grand écrivain, comme le disait Borges, est tous les hommes[13]. » Le lecteur, dans ce silence et cette intimité, a la chance de respirer, de mettre en suspens tout ce qu'il est, d'accéder à une parole qui parle à tous les aspects de sa personne. Faut-il donc embrigader, réglementer, classer, enfermer ? Alors, ce que nous appelons *littérature* ne survivra pas. Elle n'est telle que parce que, comme le disait Proust, elle installe un vide, un jeu dans nos préoccupations, nos angoisses, ce que nous appelons nous-mêmes. Proust était homosexuel. Il met en scène des homosexuels et des lesbiennes. Mais la manière dont il le fait nous concerne tous. Proust n'est pas un auteur « gay », c'est un écrivain qui parle de l'humanité.

Les Anglo-Saxons étant toujours en avance sur nous, Latins un peu réactionnaires, ils viennent de prendre une initiative dont on peut espérer que la France s'inspire. L'État britannique a alloué plus de 95 000 euros à la Homerton College Library, à Cambridge. Pour acheter plus de livres ? Non, c'est même, d'une certaine façon, le contraire. Pour financer un travail indispensable, qui justifie sans conteste cet investissement : mettre en place, sur des milliers d'ouvrages, une signalétique qui avertisse qu'ils peuvent se montrer choquants ou offensants. Ce qu'on appelle, dans le monde merveilleux de la pudibonderie *woke*, des *trigger warnings*. Je ne sais pas si cela concerne une éventuelle

---

13. Voir « Everything and nothing », *L'Auteur*, Gallimard, « L'imaginaire », 1960.

traduction anglaise des *Onze Mille Verges*, d'Apollinaire, texte en effet très raide. En tout cas, est considéré comme pouvant choquer *Ne tirez pas sur l'oiseau moqueur* de Harper Lee, best-seller (et excellent roman) qui dénonce la ségrégation dans le sud des États-Unis.

Pire encore, dans une région de l'Ontario, au Canada, une commission examine les collections de cent vingt et une bibliothèques scolaires et élimine un certain nombre de livres, qualifiés de « nocifs » ou « inappropriés » au nom de l'antiracisme notamment.

Ce qui est extraordinaire, dans cette entreprise de tartuffes, pour qui il y a toujours un bout de sein qui dépasse, comme pour d'autres tartuffes il y a toujours une mèche de cheveux qu'on voit trop dépasser du voile, c'est que même les textes les plus impeccables idéologiquement sont considérés comme dangereux : ils décrivent une réalité trop dure, qui pourrait faire souffrir les âmes candides. Au fond, c'est la même chose que le tabou sur le mot *nigger*, même dans le cas d'une analyse de l'emploi ou du détournement des mots racistes : il importe peu que l'auteur, ou le locuteur pense bien. C'est le réel qui est insupportable et qu'il est urgent de ne pas voir, de ne pas entendre.

Les livres choquent ? Les mots choquent ? Mais tant mieux ! c'est ce qui permet de sortir du confort intellectuel et des représentations toutes faites. Assez de ces élèves, de ces étudiants perpétuellement offensés, enfermés dans leurs certitudes et leur univers culturel ou religieux, et qui ne veulent surtout entendre rien d'autre. Est-ce que la vertu des livres, la vertu de l'enseignement n'est pas justement de donner ces petits, ou ces grands coups susceptibles de faire ouvrir les yeux, de changer de point de vue, et parfois de changer une vie ?

Quant à la bibliothèque de Homerton College, on lui souhaite bonne chance. C'est la littérature mondiale, depuis l'origine, qui est susceptible de choquer, depuis Homère, violent, xénophobe et phallocrate, Euripide, misogyne, jusqu'à Bret Easton Ellis, qui a à peu près tous les défauts, en passant par Voltaire, islamophobe, Kipling, impérialiste, Balzac ou Dostoïevski, réactionnaires, etc. Le budget britannique ne suffira pas à la mise en place d'avertissements.

Appropriation culturelle

Le concept d'*appropriation culturelle*, né dans les années 1990, désignait la récupération, à des fins commerciales, d'œuvres d'art élaborées par des cultures minoritaires, en situation de domination. Ce qui ne manque pas de pertinence : on vole leur création à des gens qui n'ont pas les moyens de l'exploiter, pour en faire son profit, matériel ou symbolique. De sorte que l'Occident capitaliste peut être vu comme une vaste machine d'appropriation culturelle.

Le concept, aussi intéressant soit-il, pose problème dès le départ. Il est incontestable que certains détournements commerciaux et publicitaires sont irrespectueux. Mais ils sont irrespectueux pour bien d'autres raisons ! Les effets négatifs de l'appropriation sont l'écume du phénomène.

Le jazz, le blues, l'art africain, les objets d'art japonais ou chinois, les antiquités égyptiennes ont en effet été utilisés, acquis, exposés, collectionnés par les musées et les artistes occidentaux, qui avaient le pouvoir politique et économique de le faire. Or, ce faisant, ils leur ont donné un éclat international qu'ils n'auraient sans doute pas eu. Ils ont focalisé l'intérêt sur eux. Ces œuvres, en passant par l'Occident, ont fécondé la culture universelle. Elles ont aussi permis à de grands artistes de s'accomplir : que seraient Clapton, Picasso, Van Gogh, Bonnard, Artaud sans appropriation culturelle ? Qui est gagnant, qui est perdant dans la mode du japonisme en France au XIXe siècle ? N'est-il pas absurde de raisonner en ces termes ?

Il y a eu des spoliations, mais celles-ci ont eu souvent pour conséquence positive une conservation scrupuleuse, dans d'excellentes conditions. Les stèles assyriennes du Louvre n'ont, au moins, pas été détruites par Daech, et les exemples de ce type sont innombrables. Les grands totems papous du musée du quai Branly peuvent être admirés par le monde entier. Le seraient-ils à Port Moresby ? Cela a aussi permis une étude approfondie de cultures disparues. Bref, ce que l'on reproche à l'Occident, c'est d'avoir fait à grande échelle ce que les cultures ont toujours fait : circuler, échanger, se féconder, s'influencer. Parfois dans des rapports de domination, mais pas toujours.

En réalité, les dégâts occasionnés par le concept d'appropriation culturelle sont infiniment plus importants que ses éventuels bénéfices. Des artistes se reconnaissant dans une identité quelconque (afro-américain, *natives*, etc.) en viennent à refuser que leurs spectacles soient commentés par des critiques d'une autre origine ethnique. On interdit à Scarlett Johansson d'incarner une personne transgenre parce qu'elle ne l'est pas. Des étudiants américains interdisent des cours de yoga parce que l'Inde a été colonisée. Le musée des Beaux-Arts de Boston est contraint à annuler une exposition consacrée au kimono, qui serait raciste (dans ces cas, Indiens et Japonais sont généralement désolés que leur culture ne soit pas partagée par la faute de quelques activistes identitaires). Des étudiants de l'université de Bowdoin College, dans le Maine, sont sanctionnés pour une fête où ils portaient des minisombreros. Et, bien entendu, l'université exprime sa solidarité pour tous les étudiants « affectés » par cette terrifiante appropriation (des minisombreros !) qui se sont sentis en « insécurité », et crée des « espaces » où ils puissent retrouver un sentiment de « sécurité » (loin des minisombreros). L'idéologie, comme d'habitude, tourne à l'oppression sous prétexte de libération, et devient folle entre les mains de quelques décideurs aussi zélés que stupides. C'est un invariant du totalitarisme.

Un journaliste d'un magazine canadien consacré aux écrivains, Hal Niedzviecki, déclare qu'il ne croit pas à l'appropriation culturelle : « N'importe qui, n'importe où, devrait être encouragé à imaginer d'autres gens, d'autres cultures, d'autres identités. » Il appelle les écrivains blancs aisés, qui forment la plus grande partie de la profession, à aller voir ailleurs que dans leur communauté, à écrire sur ce qu'ils ne connaissent pas, pour « explorer les vies de gens qui ne sont pas comme eux ». C'est une opinion, qui n'a rien de criminel, et surtout c'est la définition même du travail d'écrivain : Bernanos fait le portrait d'une jeune fille, Nabokov d'un aveugle, Cooper d'un Indien, Faulkner se met dans la tête d'un handicapé mental, Théophile Gautier d'une Égyptienne de l'Antiquité, Hugo d'un Noir de Saint-Domingue, Voltaire d'un Huron, Durrell d'un travesti, etc. Eh bien, il est criminel de ne pas trouver l'appropriation culturelle pertinente, et devant le tollé, Niedzviecki est contraint à la démission. La soi-disant justice débouche sur la tyrannie.

Wokisme et *cancel culture* entreprennent, en fait, de détruire ce qui fait l'essence même de la culture, ce qui la vivifie, c'est-à-dire l'échange, la circulation, l'indépendance par rapport aux déterminismes identitaires. La défense contre l'appropriation culturelle montre son vrai visage : le rêve absurde d'une culture qui soit pure, qui ne donne rien aux autres cultures et n'en reçoive rien. Ce sont les nazis qui rêvaient d'une culture pure, non contaminée par l'extérieur. L'agent corrupteur c'était le cosmopolitisme, la ploutocratie juive internationale, censée exercer un pouvoir maléfique dans le monde entier. C'était d'ailleurs aussi ce que pensaient certains écrivains français, pour qui le juif était un ferment de dissolution de la culture nationale. L'agent corrupteur, aujourd'hui, c'est la « domination blanche ». C'est la même idée : une oppression mondialisée dont on rend responsable une « race ».

Cette racialisation de la culture affecte même, désormais, la traduction. La jeune poétesse Amanda Gorman est devenue célèbre pour avoir lu un de ses poèmes lors de la cérémonie d'investiture de Joe Biden. Elle devait être traduite en néerlandais, et avait accepté de l'être par une jeune poétesse (qui par ailleurs se déclare « non-binaire »). Hélas : cette poétesse n'est pas noire. Amanda Gorman l'est. La traductrice est dénoncée par une activiste noire, Janice Deul, en ces termes : « Pourquoi ne pas opter pour une littératrice qui – comme Gorman – est une artiste de l'oralité, une femme, jeune, noire et fière de l'être ? » La traductrice renonce. Le même épisode se renouvelle pour une traduction en catalan : le traducteur d'abord pressenti était un homme blanc. Il a effectué la traduction. Mais, des États-Unis, on lui a fait savoir qu'il n'était pas la personne adéquate. Comme il le dit : « Si je ne peux pas traduire une poétesse car elle est une femme, jeune, noire, américaine du XXe siècle, alors je ne peux pas non plus traduire Homère, parce que je ne suis pas un Grec du VIIe siècle av. J.-C. ou je ne pourrais pas avoir traduit Shakespeare, parce que je ne suis pas un Anglais du XVe siècle. »

Ajoutons qu'on ne peut en fait traduire personne, parce qu'on traduit toujours un *autre*. Quelle que soit la nature de son altérité : culturelle, historique, sexuelle, ethnique, ou, tout simplement, individuelle. Il y a bien des aspects dans la personnalité d'Amanda Gorman, dont sans doute nous ignorons l'essentiel. On sait qu'elle est femme, qu'elle est jeune, qu'elle a été élevée par une mère célibataire, pauvre, qu'elle a eu des difficultés d'élocution, et qu'elle est noire. Soit on considère qu'elle ne peut être traduite que par une femme, noire, jeune, issue de famille monoparentale, ayant eu des problèmes d'élocution. Et toute traduction devient impossible. Ou alors on considère qu'il faut donner la priorité à l'identité « noire ». Pourquoi ? Pourquoi pas « ayant été pauvre » ? Et pourquoi ne pas considérer qu'un écrivain parlant de son expérience de la pauvreté, mettons Léon Bloy, ou Knut Hamsun, ne devrait être traduit que par quelqu'un ayant été pauvre ? Immédiatement, cette idée apparaît comme absurde.

Traduire, c'est faire passer un texte d'une langue dans une autre, donc d'une culture dans une autre. De même que la censure des *Suppliantes* était une négation de ce qu'est le théâtre, de même que les attaques désormais courantes contre les déguisements de carnaval sont une négation du carnaval, la racialisation de la traduction est une négation de ce qu'est la traduction. Comme l'a écrit Jean Szlamowicz dans *L'Express*: « L'ambiance idéologique de notre époque rejoint celle du spiritualisme nazi pour qui la poésie allemande n'était accessible que par la germanité. Après tout, Alfred Rosenberg, théoricien racial du IIIe Reich, l'affirmait déjà : "Chaque race a son âme, chaque âme sa race." Et c'est ainsi que notre progressisme de la diversité se transforma en abominable régression identitaire, cantonnant le poétique à l'expression d'un vécu clanique. »

La presse dans le collimateur

Le danger que fait courir l'identitarisme islamiste à la liberté de la presse est apparu avec l'affaire des caricatures de Mahomet dans le journal danois *Jyllands-Posten*, en 2005. Elles sont pour la plupart anodines. La plus corrosive représente un homme coiffé d'un turban qui est une bombe : manière de dénoncer les violences commises au nom de l'islam. Cet homme peut être identifié à Mahomet, mais rien ne l'indique dans le dessin. Un autre montre un dessinateur inquiet croquant le prophète en se cachant. Rien qui approche la radicalité des caricatures moquant, depuis un siècle et demi, le christianisme.

Il faut rappeler que ces dessins constituaient une réponse au fait qu'un écrivain danois s'était plaint de ne pas pouvoir trouver de dessinateurs pour illustrer son livre sur le Coran, donc déplorait la peur et l'autocensure. Ces dessins ont entraîné des boycotts, des menaces de mort, des violences, des assassinats, qui validaient par conséquent le sens des caricatures : la liberté d'expression, la satire, la caricature s'arrêtent à l'islam. Pour tout le reste, les autres religions, les partis politiques, les gouvernants, les artistes, elles sont acceptées.

La publication de ces caricatures en France, dans *France-Soir*, en 2006, a montré à quel point la liberté de la presse restait fragile lorsqu'il s'agit des sujets identitaires, singulièrement de l'islam. Le Mrap a déposé plainte contre le journal, en évoquant un « détournement raciste de la liberté d'expression ». Racisme dont on peine à trouver trace dans les dessins, où il n'est question que de religion. Et le directeur du journal, Jacques Lefranc, a aussitôt été limogé, « en signe fort de respect des croyances ». La presse doit respecter les croyances. C'est nouveau, et cela résume bien notre époque.

Quant au soutien des hommes politiques français... Dominique de Villepin, Jacques Chirac, Élisabeth Guigou ont lâché *Charlie Hebdo.* Leur lâcheté est résumée par cette déclaration de Philippe Douste-Blazy, ministre des Affaires étrangères en 2006 : la liberté de la presse doit s'exercer « dans le respect des croyances et des religions ». Ah bon. Vive la liberté de la presse, tant qu'elle respecte la religion ! Autant dire qu'on revient à l'Ancien Régime. Et pourquoi en particulier la religion ? La religion, en république, est une opinion. Il serait logique de dire : « Vive la liberté de la presse, tant qu'elle respecte les opinions. » Autant dire qu'il n'y a plus de liberté de la presse. La religion, c'est pas pareil ? Parce que c'est sacré ? Et donc, le sacré est une catégorie valide dans une république laïque, si l'on en croit Douste-Blazy. Rien de tout cela ne tient, et personne n'a remis en cause la presse tant qu'elle s'en prenait au catholicisme. Autant donner la vraie raison : avec l'islam, on a peur, mais on ne va pas le dire, alors on va parler de respect.

C'est dans cette atmosphère de remise en cause de la liberté de la presse que les locaux de *Charlie Hebdo* sont incendiés par un cocktail Molotov, le 2 novembre 2011, à la veille de la publication d'un numéro sur la charia. Tout est détruit. Le site était piraté, un message s'affichait qui proclamait : « Soyez maudits par Dieu. » Le journal avait reçu des menaces de mort.

On aurait pu s'attendre à un soutien unanime, toutes opinions confondues. Mais non. Une tribune est alors publiée, qui, tout en affirmant avec une tranquille hypocrisie que « la liberté d'expression est pour nous un principe précieux », déclare :

– qu'un cocktail Molotov lancé la nuit dans des locaux vides et n'occasionnant que des dégâts matériels ne mérite pas une mobilisation médiatique et politique supérieure à celle, pour le moins discrète, qu'occasionne l'incendie ou la mise à sac d'une mosquée ou d'un cimetière musulman.
– que la disproportion entre les unes alarmistes sur l'incendie de *Charlie Hebdo* et les brèves de dix lignes sur les saccages de lieux de culte musulmans entretient une vision du monde raciste.
– qu'il n'y a pas lieu de s'apitoyer sur les journalistes de *Charlie Hebdo*, que les dégâts matériels seront pris en charge par leur assurance, que le *buzz* médiatique et l'islamophobie ambiante assureront certainement à l'hebdomadaire, au moins ponctuellement, des ventes décuplées, comme cela s'était produit à l'occasion de la première affaire des caricatures.
– que, contrairement à ce qui se dit et se répète jusqu'à la nausée à la faveur de ce nouveau buzz *antimusulman*, la liberté de critiquer l'islam est tout sauf menacée.

Le texte trouve à Charb, Luz, Riss des « supporteurs » : Claude Guéant, Ivan Rioufol et Marine Le Pen.

Les signataires de ce texte ignoble méritent de n'être pas oubliés. On y rencontre, entre autres, Houria Bouteldja, Olivier Cyran, Christine Delphy, Thomas Deltombe, Rokhaya Diallo, Pierre Tevanian et Sylvie Tissot. Donc, pour eux, on est absolument libre de critiquer l'islam. Ils osent écrire cela après l'affaire du *Jyllands-Posten* et les morts qu'elle a entraînés. Après la fatwa contre Salman Rushdie. Après les menaces de mort contre Robert Redeker qui, à la suite d'un article contre l'islam, n'enseigne plus et vit sous protection policière. Et ils osent écrire cela à propos de l'incendie d'un journal.

L'incendie d'un journal, à leurs yeux, c'est un fait purement matériel : l'assurance paiera ! Ils font semblant de croire que cela n'a aucune valeur symbolique. Des années de lutte pour la liberté de la presse, Charles X renversé en 1830 pour la liberté de la presse, les caricatures de Louis-Philippe en poire interdites, *Hara-Kiri* interdit pour sa couverture sur la mort du général de Gaulle, une liberté durement conquise, au prix de morts, de condamnations : on brûle un journal, pas grave, on n'est pas solidaires. Ce terrifiant symbole de régression ne les émeut pas une seconde. Et *après* le massacre de la rédaction, *Article 11* en rajoutera encore, en republiant un long texte d'Olivier Cyran accusant la rédaction de racisme. Le progressiste identitaire a la cruauté tranquille.

Une très large majorité d'articles et de couvertures de *Charlie Hebdo* ne concernaient en rien l'islam. On s'y moquait du christianisme, de divers hommes politiques, Le Pen était une cible de choix. Mais ils s'en sont pris à l'islam. Et ça, c'est impardonnable. C'est raciste. Cabu raciste, alors que l'antiracisme était une obsession chez lui ? Wolinski raciste ? Les signataires de cette tribune valident donc malgré eux cette évidence : il est difficile de critiquer l'islam dans un pays libre (dans un pays musulman, c'est impossible : on est envoyé en prison ou on meurt). Et la suite bien entendu montrera à quel point leur manifeste était faux. Mais il préparait le terrain, comme le diront Nicolino, et Jeannette Bougrab, la compagne de Charb :

> Ceux qui défendent la laïcité dans ce pays sont accusés d'islamophobie. On a tous eu droit à des nominations aux « Y'a bon awards ». Charb préparait un livre sur l'islamophobie pour déconstruire cela. On peut être laïc, tolérant et accepter que la religion soit dans un espace, une sphère privée. Je pense

> qu'ils sont coupables, qu'ils ont une responsabilité quand on dit sans arrêt qu'ils étaient racistes parce qu'ils faisaient telle une. À force de les pointer du doigt, de dire que *Charlie Hebdo* sont des islamophobes, qu'ils détestent l'islam. Je pense aux « Y'a bon awards » et aux Indigènes de la République, bien sûr qu'ils sont coupables. Je le dis et j'assume mes propos. Qui est mort aujourd'hui ? Ce n'est pas un imam qui est mort, ce sont des combattants pour la liberté.

Rokhaya Diallo, qui a activement participé à la diabolisation de *Charlie Hebdo*, est aujourd'hui fêtée, honorée, invitée partout, notamment dans la presse audiovisuelle. Les ennemis de la liberté de la presse sont des vedettes en république. En revanche, Diallo, qui déteste l'abominable Occident et ses libertés, disserte en toute bonne conscience sur l'islamophobie française dans *TRT*, un média aux ordres du dictateur turc Erdogan.

Les assassinats de Mohammed Merah, de Samuel Paty, les massacres du Bataclan, de l'Hyper Cacher, de Nice, de Carcassonne, de Strasbourg, l'assassinat du père Hamel et tant d'autres ne suffisent pas à ceux pour qui toute critique de l'islam est raciste, ou tout simplement pour qui il vaut mieux ne pas faire de vagues plutôt que de défendre la liberté de la presse : « Il ne fallait pas les tuer, bien sûr, mais… » « Pas d'huile sur le feu », comme cela a été dit jusqu'à l'écœurement, en particulier, en 2020 encore, par Cyril Hanouna, qui estime qu'il faut « arrêter les blagues sur les religions ». Ce début de XXIe siècle restera comme celui où, une rédaction de journal ayant été massacrée, des responsables politiques, des journalistes d'un pays démocratique auront fait la fine bouche.

La caricature se porte mal. Elle a pendant des siècles été un instrument politique de premier plan. Mais la règle est désormais de ne pas offenser. Le *New York Times* a donc décidé en 2019 de supprimer les dessins politiques dans son édition internationale. La France suit le même chemin : en 2021, *Le Monde* s'excuse d'avoir publié un dessin de Xavier Gorce ironisant sur la complexité des relations familiales à l'ère des changements de genre, en arguant que ce dessin pouvait « être lu comme une relativisation de la gravité des faits d'inceste, en des termes déplacés vis-à-vis des victimes et des personnes transgenres ». Toute la cagoterie contemporaine est là : une caricature, un texte peut toujours être « lu comme », lu de travers par des imbéciles, des esprits faibles ou embrigadés. Conclusion ? Au lieu de négliger les imbéciles, supprimons les dessins de presse. Xavier Gorce ne s'est pas excusé, lui. Il a démissionné.

Toutes les catégories de population sont désormais hypersensibles. On n'accepte plus du tout que ce avec quoi on est en désaccord puisse s'exprimer. L'exagération, la déformation, le choc qui sont inhérents à la caricature sont vécus systématiquement comme des agressions personnelles. Nous sommes donc aujourd'hui moins libres dans notre expression qu'il y a quarante ans. La pression des militants identitaires s'ajoute à d'autres phénomènes, comme la concentration des organes d'information entre les mains de quelques groupes, pour faire reculer la liberté de la presse. Tout cela se conjugue avec le manque de courage des dirigeants politiques et des patrons de presse, avec l'autocensure qu'exercent de plus en plus les journalistes sur leur propre parole. Jusqu'où reculerons-nous ?

L'intersectionnalité difficile

Le verbiage *woke* fait usage d'une boîte à outils lexicale, qui lui confère une pimpante allure scientifique, comme naguère le marxisme « scientifique » se signalait par un appareillage de termes obligatoires. Dans la boîte, « intersectionnalité » est l'une des chignoles les plus utilisées. On eût dit autrefois « convergence des luttes ». Ce terme signifie d'une part qu'un individu peut cumuler les discriminations (femme et noire, arabe et trans, albinos et belge… ah non, pardon, le troisième exemple n'est pas bon), d'autre part que toutes les minorités, toutes les victimes de discrimination ont en fait les mêmes intérêts, que leurs luttes vont dans le même sens, par une sorte de miracle qui fait que des groupes et des aspirations différentes communient dans le Bien. Quant au Mal, il a pris la figure du croquemitaine absolu, héritier du bourgeois capitaliste d'autrefois : le mâle blanc hétérosexuel cisgenre.

Ce bouc émissaire commode est censé imposer toutes les formes de domination et d'oppression. La meilleure solution, c'est donc l'inverse. On est désormais tenu de ne plus être hétérosexuel. C'est un « philosophe » transgenre, Paul B. Preciado, qui le dit, et préconise la fin du mariage hétérosexuel, car l'« hétérosexualité est dangereuse » : il paraît, d'après lui, que « le soulèvement des corps subjugués par le régime patriarco-colonial de la modernité se poursuit et s'intensifie ». D'ailleurs, « il n'y a rien, empiriquement parlant, qui permette d'établir une différence substantielle entre hommes et femmes. » Les organes comme le pénis ou l'utérus, les différences génétiques et hormonales ne sont pas « substantiels », en somme, d'un pur point de vue « empirique ». Quand je pense que je suis convaincu depuis des décennies de faire usage d'un organe substantiel durant mes relations sexuelles. C'était idéologique, en fait. Me voici détrompé. D'ailleurs Juliet Drouar a la même analyse pertinente : « Il faut nous faire croire qu'il n'y a que deux types d'organes génitaux, ce qui est complètement faux. » On doit pouvoir, avec un peu d'attention, en répertorier beaucoup plus. Douze ? Quinze ? Reste à les nommer. La science a de beaux jours devant elle.

Il est regrettable que tant de mâles blancs hétérosexuels ne parviennent pas à se mettre dans la tête qu'ils sont des dominants exerçant un pouvoir exorbitant. Par exemple, dans mon hameau d'Auvergne, Alphonse, un vieil ouvrier agricole, a passé plus d'un demi-siècle à soulever des tonnes de foin à la fourche, a dormi toute sa vie dans des granges, sauf dans ses vieux jours, où il a enfin eu une maisonnette sans chauffage ni salle de bains, avec des hivers à −20°, a été payé pour l'essentiel en paquets de tabac et litres de vin et n'a jamais trouvé d'épouse. Eh bien, j'ai eu beau essayer, rien à faire pour lui faire entrer dans la tête qu'il est un mâle blanc cisgenre hétérosexuel privilégié. Et pourtant je lui ai expliqué la pensée de Paul B. Preciado, qui, lui, est quand même beaucoup moins privilégié qu'Alphonse. Mais quand on a affaire avec des esprits rétrogrades et réactionnaires, que voulez-vous…

Ce qui est étonnant, dans ce genre de pensée, c'est qu'on s'empresse toujours de remplacer une intolérance par une autre : les hétérosexuels sont, paraît-il, des oppresseurs ? Supprimons l'hétérosexualité. Toutes les autres possibilités deviennent obligatoires.

L'intersectionnalité se heurte à plusieurs difficultés. L'une d'entre elles, la moins évidente, concerne le rapport à l'identité. Les minorités sexuelles insistent sur leur refus de la détermination et de l'assignation, jusqu'à nier l'importance des organes sexuels, parfois jusqu'au burlesque, comme on vient de le voir, et parfois revendiquent l'indétermination sexuelle, les changements de genre, etc. Ce qui peut susciter des difficultés avec les féministes, qui ont besoin d'affirmer au contraire leur identité, et les minorités ethniques qui ont tendance à se replier sur leur identité et leur origine. Cela dit, la plupart du temps, les minorités sexuelles finissent elles aussi par se fixer sur une identité, dans des niches de plus en plus étroites, hyper-définies : LGBTQ, etc. En un sens, les deux rapports à la détermination identitaire sont morbides. Nier la détermination (les organes, la génétique), outre que cela consiste à faire passer la théorie avant les faits, est un refus du réel. S'y cantonner, c'est refuser sa liberté. Celle-ci ne peut être fondée que sur une détermination identifiée, reconnue et dépassée.

L'intersectionnalité ne peut se faire qu'au prix du déni de réalités qui sautent aux yeux. L'un des traits caractéristiques du totalitarisme, c'est que le réel n'a aucune importance. Le pragmatisme est son pire ennemi. Il ne va pas de l'expérience à la théorie : la théorie rééduque le réel. Il est vrai, et on le sait depuis longtemps, que l'expérience nue n'existe pas. La connaissance a besoin d'hypothèses de départ, que l'expérience confirmera ou infirmera. La pensée totalitaire déteste les hypothèses. Pour un « penseur » comme Geoffroy de Lagasnerie, il n'y a que des certitudes. Ces certitudes sont *ipso facto* scientifiques, toute autre idée ne mérite pas d'être discutée, et ces certitudes scientifiques, autre miracle, coïncident avec le Bien. C'est merveilleux.

Le féminisme, dans le monde merveilleux de l'intersectionnalité, est mis à rude épreuve, et l'on voit bien des féministes se livrer à des acrobaties compliquées pour concilier des aspirations inconciliables. Pour beaucoup de féministes, par exemple, les exigences des militants transgenres sont insupportables. Se faire qualifier de « menstruator », et non de femme, n'est pas en soi très agréable, cela sonne comme une négation de ce qu'on est, une femme. Mais surtout, beaucoup de femmes trouvent exorbitantes certaines exigences trans, comme participer à des épreuves sportives féminines lorsqu'on est un homme devenu femme, ou pénétrer dans des vestiaires ou des toilettes pour femmes lorsqu'on s'estime femme sur la seule foi de sa propre déclaration. Le féminisme tend à se diviser entre celles qui refusent cet impérialisme trans, et celles qui le soutiennent. Des féministes ont été agressées lors de la manifestation pour les droits des femmes par d'autres manifestants qui les traitaient de « transphobes ».

En outre, l'infinie subdivision des identités sexuelles possibles ne favorise pas forcément la solidarité. Les tensions sont nombreuses entre ces groupes. C'est ainsi que des lesbiennes ont signé une tribune dans *Marianne* en 2021 pour dénoncer les agressions des personnes transgenres à leur encontre :

> Nous, signatrices de cette tribune, témoignons avoir vécu des violences sexistes, punitives et sexuelles visant à « corriger » notre orientation sexuelle au sein d'espaces se présentant pourtant comme LGBTQIAP+, ou « Queer-TransPédéGouinesNonBinaires ».

Dans la foulée, elles dénoncent les excès des changements de genre :

> Nous entendons dénoncer les pressions toujours plus prégnantes exercées sur les jeunes lesbiennes pour accepter des injections de testostérone artificielle : dans certains centres LGBT en effet, des psychologues sont même formés à repérer les jeunes filles qu'ils prétendent identifier comme des « hommes trans refoulés qui s'ignorent », et les incitent à s'affirmer ainsi puis, en conséquence, à transitionner médicalement. [...] En Suède, où les enfants sont autorisés à tenter de changer de sexe avec l'accord de leurs parents, une étude gouvernementale a montré que 15 % des fillettes qui en faisaient la demande étaient autistes.

Mais le plus acrobatique consiste sans doute à défendre à tout prix l'intersectionnalité entre islamisme et féminisme, homosexualité, transidentité. Il y faut une souplesse à toute épreuve.

L'islam est une religion respectable, comme toute religion. Mais force est de constater qu'il a besoin de se mettre sérieusement à jour avec les valeurs démocratiques et la tolérance. Il n'y perdrait rien d'essentiel, et cela ne changerait rien quant à la liberté de croire et de pratiquer. Beaucoup de musulmans le souhaitent, otages à la fois des plus conservateurs, et des bien-pensants islamo-gauchistes qui empêchent tant qu'ils peuvent ce qui permettrait cette mise à jour. Je pense à l'Iran, qui est en principe une théocratie musulmane, mais qui, par voie de conséquence, est devenu… un des pays les plus « islamophobes » du monde, où des jeunes gens qui ne supportent plus le totalitarisme bigot demandent au touriste pourquoi ils tiennent tant à voir des mosquées, monuments d'une religion selon eux abominable. On ne peut pas les suivre jusque-là, mais on peut comprendre leur colère. C'est en tout cas un vieux débat : le stalinisme était-il en germe dans la doctrine marxiste, et faut-il condamner celle-ci à cause de lui ? Beaucoup pensent le contraire, malgré le fait que tous les pays communistes soient tombés dans la dictature. Le fait que presque tous les pays musulmans soient oppressifs ne condamne pas forcément la doctrine musulmane en elle-même.

Reste qu'il y a des faits gênants pour l'intersectionnalité. Dans les pays où l'islam est majoritaire, les homosexuels sont très mal acceptés. Aujourd'hui, c'est exclusivement dans des pays musulmans que l'homosexualité est un crime punissable de mort : Arabie saoudite, Iran, Soudan, Yémen, Afghanistan, Pakistan, etc. Les cinquante morts dans une boîte homo d'Orlando, aux États-Unis, ont été massacrés au nom de l'islam.

Cette haine se retrouve chez certains militants français, comme les Indigènes de la République. Pour Houria Bouteldja, l'homosexualité est un produit colonialiste, contre lequel les sociétés africaines et les habitants d'origine africaine des banlieues françaises se défendent par une homophobie qu'on peut comprendre, elle est une résistance au colonialisme (pas du tout la réaction d'une société patriarcale) : « L'impérialisme – sous toutes ses formes – ensauvage l'indigène : à l'internationale gay, les sociétés du Sud répondent par une sécrétion de haine contre les homosexuels. » Donc, quand une dizaine de gamins noirs des banlieues tabassent un homosexuel, comprenons-les, ils résistent à l'impérialisme.

Les identitarismes se télescopent parfois d'une façon comique. La chanteuse de Christine and the Queens, qui se définit comme « non-binaire » (ni tout à fait homme, ni tout à fait femme) a voulu prendre le nom de Rahim. Elle unissait ainsi deux minorités persécutées (paraît-il), quant au genre et quant à l'origine. Erreur fatale ! Elle aussi a été harcelée en ligne pour appropriation culturelle. Pas touche à mon arabité ! D'un côté, Zemmour exige que les immigrés prennent des noms français. De l'autre, les Arabes exigent qu'on ne prenne pas de noms arabes. Intolérance identitaire contre intolérance identitaire, 0 partout, la balle au centre.

Les apories de l'intersectionnalité ont été mises en lumière par l'affaire Mila. Cette jeune fille lesbienne, mineure, refuse de céder aux avances d'un jeune musulman sur Internet. Il l'insulte, la traite de « sale pute » (réaction devenue systématique dans ce cas de figure), de « sale lesbienne », de « sale raciste ». Ce n'était pas sa première expérience d'agression par de jeunes musulmans, notamment sur le thème du lesbianisme. En réponse, elle exprime de façon virulente son rejet de l'islam, qui pour elle a façonné la mentalité agressivement phallocrate de celui qui l'a insultée. La vie de Mila a basculé : la jeune fille a été inondée d'injures misogynes et lesbophobes, de dizaines de milliers de menaces de mort, de viol, traitée de raciste, etc. Elle est déscolarisée, aucun établissement scolaire n'accepte de l'accueillir, et elle doit être placée sous protection policière. Bref, le lot commun de qui ose dénigrer l'islam.

Supposons qu'elle ait été insultée par un homme blanc, européen, et qu'elle l'ait traité de sale facho blanc lesbophobe : tout se serait bien passé, elle aurait été soutenue de manière virulente par toutes sortes de mouvements féministes et trans, prompts à tomber en meute sur quelqu'un pour beaucoup moins que ça. Or, la lâcheté généralisée s'est montrée comme d'habitude édifiante : pour la ministre de la Justice, « l'insulte à la religion, c'est une atteinte à la liberté de conscience ». Ségolène Royal refuse « d'ériger une adolescente qui manque de respect comme le parangon de la liberté d'expression ». Les associations féministes ou lesbiennes ont apporté un soutien discret. La journaliste Lauren Bastide, qui se prétend féministe, accuse l'adolescente de racisme (bien entendu), dénonce la récupération de ce qui lui arrive par l'extrême-droite (évidemment), bref, tous les prétextes éternellement invoqués pour ne pas soutenir une victime, ne pas défendre la liberté d'expression, ne pas se révolter contre la tyrannie religieuse. Pour Lauren Bastide, une adolescente lesbienne insultée comme femme et comme lesbienne, qui réagit violemment contre la religion qui lui semble la cause de cette lesbophobie (elle a quelques raisons pour le penser, si l'on examine le sort des homosexuels en pays d'islam), peut être menacée de viol et de mort, voir sa vie basculer sans mériter son soutien. Et à ses yeux, ceux qui soutiennent cette adolescente sont tout aussi racistes. Et c'est ainsi que l'antiraciste justifie la cruauté, l'intolérance, la chasse en meute, la destruction de la vie d'autrui. Au nom du Bien ? Quel Bien ? Ah oui : ne rien dire sur Allah ; ça, c'est le Bien.

Ceux qui persistent, au prix de tous les dénis, à entretenir le fantasme de l'intersectionnalité, ont quelques difficultés à unir féminisme et islam. Les Indigènes de la République condamnent un « féminisme blanc », qui ne correspondrait pas aux valeurs de la femme musulmane, dont le féminisme serait différent. Et bien des femmes voilées assurent qu'elles sont libres et féministes. Lorsque l'évidence montre que le patriarcat islamiste inspire à des musulmans des violences ou des discriminations contre les femmes, on ne parvient à sauver l'intersectionnalité qu'en criant au racisme. Les exemples de cette défense pathétique sont innombrables.

Les sociétés musulmanes sont profondément patriarcales, beaucoup plus que les pays occidentaux. Pour des dizaines de millions de musulmans, une femme doit arriver vierge au mariage. La virginité est une véritable obsession, presque une névrose. Au Maghreb, on exhibe le lendemain de la nuit de noces les draps tachés de sang attestant de la virginité de la mariée. Des jeunes filles ont recours à la chirurgie pour se faire refaire un hymen. Au paradis, le bienheureux disposera de vierges, et selon certains hadiths leur hymen se reconstitue après chaque rapport sexuel. Toute relation sexuelle d'une jeune fille avant le mariage la déshonore, déshonore sa famille, et les « crimes d'honneur » sont encore pratiqués, dans les pays musulmans, mais parfois aussi en Europe. L'horizon de la femme, c'est le mariage, les enfants, la maison. Cela ne signifie nullement que tous les musulmans pensent ou se comportent de cette manière, mais l'imprégnation des mentalités par les valeurs patriarcales est profonde.

Dans la plupart des pays où l'islam est majoritaire, et bien souvent religion d'État, les femmes sont dans une situation d'infériorité légale. Dans certains de ces pays, elles n'héritent pas d'une part entière des biens de leurs parents, ne peuvent sortir seules, conduire, pratiquer des activités sportives. Les coupables d'adultère peuvent être lapidées. Et une femme violée peut encourir la lapidation, car elle a commis un adultère ! En Iran, des jeunes filles mineures sont pendues pour atteinte à la pudeur. Ce fut le cas d'Atefah Sahaaleh, pendue à l'âge de 16 ans en 2004, pour mauvaises mœurs. Le fait qu'elle ait retiré son voile pendant le procès a été considéré comme une circonstance aggravante. Ce fut aussi le cas de Leila Marfi, pendue pour avoir été violée par son frère. Lequel a été épargné.

Lorsque la loi accorde aux femmes une égalité de principe, le poids des traditions les cantonne dans un rôle très restreint : fille à marier, femme mariée, mère. Toute femme qui s'écarte de ce schéma est considérée comme disponible, offerte aux entreprises masculines. Dans cet imaginaire, on ne peut même pas envisager qu'une femme puisse disposer de son corps comme bon lui semble, s'habiller comme elle veut, et en même temps avoir des principes, aimer, être fidèle. Il n'y a que le corps, l'hymen intact et l'apparence. Ce ne sont pas toujours de méchants mâles blancs cisgenres qui constatent ces faits, mais des gens qui ont vécu cette culture, Kamel Daoud analysant la misère sexuelle dans le monde arabo-musulman, Leïla Slimani dressant un tableau de la culture machiste au Maroc. Sont-ils racistes et islamophobes ? Voici ce qu'ont déclaré deux membres de l'Observatoire des fondamentalismes, de Bruxelles, à *Marianne* :

> *Quel genre de témoignages recevez-vous dans le cadre de ces permanences sociales ?*
> Fadila Maaroufi : Ça peut être des jeunes filles qui subissent des pressions pour se voiler, ou des agressions sexuelles à l'école car elles ne le portent pas et sont considérées comme « sexuellement disponibles ». On a aussi des professeurs et des familles qui nous contactent pour nous faire remonter le même type de problèmes. [...] Et puis il y a la question de l'apostasie : j'ai encore récemment eu le témoignage d'une jeune fille de 16 ans qui ne se sent pas du tout musulmane, pas du tout religieuse. Ses parents la forcent à étudier le Coran mais elle n'y arrive pas et subit des violences lorsqu'elle ne parvient pas à réciter ses sourates.
>
> *La question du voile est centrale dans votre discours. L'assimilez-vous à un outil de propagande politique ?*
> Florence Bergeaud-Blackler : Tout à fait. [...] les salafistes vont se mettre en veilleuse au profit d'un frérisme plus politique et plus souriant qui se présente comme un rempart à la radicalisation. Ils ont mis en avant des femmes voilées qui charrient tout l'imaginaire de la femme douce et maternelle. Et un discours : je suis voilée, donc je suis discriminée.
> Fadila Maaroufi : On a complètement passé sous silence le fait que, dans ces quartiers, ce sont surtout les femmes non-voilées qui subissent de plus en plus de pression. Le voile est devenu un modèle pour la femme musulmane. Aujourd'hui, une femme musulmane est une femme voilée

Quelles conséquences a eu la création de l'Observatoire des fondamentalismes ?
Fadila Maaroufi : Je reçois régulièrement des menaces de mort. On m'a récemment envoyé une vidéo très explicite d'exécution de Daesh. C'est une manière de me bannir, de me faire taire complètement. Je n'ai plus du tout de contact avec ma famille. Ils m'ont même demandé de changer de nom et indiqué que je ne faisais plus partie de la communauté. Je suis considérée comme une apostate. C'est une façon de me condamner à mort, puisque l'apostasie vaut la mort pour eux.

Comme dans toute société patriarcale, le vêtement est chargé de manifester la conformité à ces principes. Une bonne musulmane déploie les signes de son intégration au système de valeurs patriarcales : vêtements couvrant le corps, voile couvrant les cheveux, et, dans certaines pratiques particulièrement rigides, visage masqué. Le corps d'une femme est réservé à son futur mari, ou appartient à son mari. Un autre homme ne peut le voir, d'abord parce que ce serait en prendre possession de manière illégitime, ensuite parce que cela risquerait d'exciter son désir.

Dans ce système, plus ou moins profondément intégré dans les mentalités suivant les pays, les classes sociales, la lecture de la tradition et du Coran, une Occidentale se présente comme une femme à prendre, puisqu'elle en déploie les signes.

Ce n'est pas un prêcheur saoudien, mais l'imam de Brest, Rachid Abou Houdeyfa, qui a résumé cette représentation de la femme : « Le hijab c'est la pudeur, et sans pudeur, la femme n'a pas d'honneur, et si la femme sort sans honneur, qu'elle ne s'étonne pas que les hommes abusent de cette femme-là. » Voilée ou violée, en quelque sorte. Or cet imam exerce une forte influence sur les jeunes en France. Et il a eu le soutien du Collectif contre l'islamophobie en France. Est-il islamophobe de constater que, conformément à ce genre de théorie, un gamin de banlieue laissera tranquille une jeune fille voilée, mais importunera une jeune fille qui ne porte pas le voile, tout en la traitant de pute si elle refuse ses avances ?

Au lieu de prétendre sans cesse que l'islamophobie est du racisme, est-ce qu'il ne faudrait pas se demander si ce ne sont pas ces doctrines qui entretiennent la méfiance envers l'islam ?

Ceux qui soutiennent qu'on peut porter le voile et être féministe ; ceux qui prétendent que le voile est un simple accessoire de mode ; ceux pour qui il n'est pas raisonnable de faire tant d'histoire pour un « bout de chiffon », comme dit Olivier Cyran, devraient penser à Atefah Sahaaleh et à ce que signifiait le voile pour elle. Peut-on sérieusement prétendre ignorer la dimension symbolique de ce vêtement ? S'il ne voulait dire que « je suis musulmane », ce ne serait guère un problème. Mais il est le signe d'une femme qui accepte sa soumission au patriarcat, et revendique sa servitude. Peut-on aussi légèrement, et sans la moindre empathie, évacuer toutes ces femmes qui, dans le monde musulman, sont surveillées, arrêtées quand une mèche dépasse trop du voile ? Toutes ces femmes qui, en Iran ou ailleurs, voudraient bien ne pas le porter, ne supportent pas cette injonction patriarcale, et encourent bien des risques pour cela ? Comment peut-on sans hypocrisie se prétendre féministe et défendre le port du voile ? Rien de tout cela ne gêne Christine Delphy, chercheuse au CNRS qui se prétend « féministe » (il faut le faire) tout en déclarant que le débat sur le voile est une « libération de la parole raciste ». Qu'elle aille le dire aux femmes iraniennes. Qu'elle aille le dire aux femmes musulmanes vitriolées parce que mal voilées. Elle sera bien reçue.

Est-il sérieux de se figurer que des gens qui émigrent depuis ces sociétés patriarcales vont changer de valeurs et de représentations, du jour au lendemain, par miracle, parce qu'ils se retrouvent dans un pays qui fonctionne différemment ? Beaucoup y parviennent, et se détachent du machisme ordinaire des sociétés musulmanes. Mais pas tous, loin de là. Le port du voile signifie même cela : nous ne voulons pas du féminisme occidental. Parfois de manière militante, assumée, parfois par obligation, parfois par simple inconscience.

Malheureusement, tout un courant de la gauche refuse d'envisager cette réalité, qui pourtant crève les yeux. Il faut à tout prix défendre le féminisme ET l'islam. Il faut sauver l'intersectionnalité, quelles que soient les absurdités à quoi cela conduit. Et on refusera d'envisager que la critique de certains aspects de cette opinion qui s'appelle doctrine musulmane ne concerne qu'une dimension culturelle, et n'a rien à voir avec un rejet global, basé sur je ne sais quels préjugés ethniques. Car dans ce cas il faudrait renoncer à considérer les musulmans comme des victimes, et uniquement des victimes, et envisager les choses de manière plus complexe. Mais c'est moins confortable intellectuellement.

On entend beaucoup parler, et c'est heureux, des crimes pédophiles commis par des prêtres chrétiens. Or, pendant plus de trente ans, en Grande-Bretagne, des milliers d'enfants ont été violés, torturés, prostitués par des gangs d'hommes. Parfois des gamines de 11 ans. Des esclaves sexuels, comme ceux de l'État islamique. Les victimes étaient « blanches », les criminels pakistanais, et musulmans, citant le Coran pendant certains viols. Les faits ont été cachés par les services sociaux, malgré des centaines de signalements, minimisés par la police, qui a refusé d'enquêter. Une femme qui enquêtait sur les viols a dû suivre des « cours de sensibilisation à la diversité » parce qu'elle mentionnait l'origine des criminels ! Les coupables s'en sont tirés avec quelques années de prison. En France, on n'en a guère parlé. Silence des féministes. La presse de gauche a déploré que cela alimente les clichés xénophobes. Les 4 000 enfants violés seront contents d'apprendre qu'ils alimentent les clichés xénophobes. Et je suppose qu'aujourd'hui, après les révélations sur les prêtres pédophiles, la presse de gauche parle de clichés anticléricaux. Non ? Vous avez dit stigmatisation ? Oppression ? Islamophobie ? Domination blanche ?

Souvenons-nous de ce projet de loi contre le harcèlement de rue. Si un Français de souche avait déclaré que les harceleurs sont en grande majorité des garçons arabes, qui importunent les filles et les insultent si elles ne répondent pas, pour le plaisir d'exercer au moins une domination verbale, il aurait été traité de raciste. Mais ce sont des femmes en grande majorité, des universitaires (dont l'inénarrable Éric Fassin, qui ne rate jamais une occasion de proférer une stupidité), qui ont protesté contre ce projet de loi : il risquait de stigmatiser des jeunes d'origine immigrée ! « En insérant la catégorie “harcèlement de rue” dans le domaine pénal, la rue devient précisément la cible renouvelée des politiques publiques. Du même coup, elle vise les populations qui l'occupent, lesquelles appartiennent souvent aux fractions paupérisées et racisées. » Voilà ce que disait le texte de la tribune publiée dans *Libération*. Autrement dit, on avoue implicitement le machisme de ces jeunes, tout en le considérant comme excusable. Être pauvre, Noir, Arabe, est un passeport pour le harcèlement, parce qu'on est victime. Le féminisme capitule ici pour ne pas froisser la culture machiste, dès lors qu'elle est celle de jeunes de culture musulmane.

Souvenons-nous des femmes subissant, par milliers, des agressions sexuelles, et parfois des viols, la nuit de la Saint-Sylvestre 2015 à Cologne. La police a dans un premier temps cherché à dissimuler les faits. D'autres faits semblables ont eu lieu partout en Allemagne, avec des centaines de plaintes. Il n'y a pratiquement pas eu de condamnations.

Agressions sexuelles à grande échelle, impunité, cela aurait pu, cela aurait dû être un motif de révolte pour les féministes. Hélas, les agresseurs, 1 500 environ, étaient de jeunes hommes d'origine maghrébine en majorité, ou des Afghans, des immigrés récents accueillis par l'Allemagne : demandeurs d'asile et sans-papiers. Mais la bourgmestre de Cologne nie qu'il y ait un lien entre immigration et agressions. En Finlande, en Suède, en Autriche, à la même période, des agressions sexuelles du même type ont eu lieu, dissimulées dans un premier temps par la police et les médias. À l'évidence, cette agression découlait d'une logique culturelle, dans l'esprit d'hommes débarquant de pays de culture musulmane, avec une certaine représentation de la femme, et voyant dans les Occidentales libres, non voilées, des proies sexuelles offertes. D'ailleurs un imam de Cologne exprime sans détour cette idée : les femmes allemandes victimes d'agression étaient coupables, a-t-il déclaré, car habillées légèrement et parfumées. Donc bonnes à violer.

Contrairement à la sempiternelle rengaine de la « stigmatisation » des musulmans, ce qui frappe au contraire, dans les affaires les plus graves, viols, meurtres, attentats, c'est la minimisation, le « rien à voir avec l'islam », ou la rétention d'information, la volonté de nier, de dissimuler et d'excuser. Malheureusement pour les victimes, leurs agresseurs n'étaient pas des Blancs d'origine européenne. Les réactions des féministes ont été à peu près inexistantes. Caroline De Haas, Clémentine Autain, au lieu d'exprimer leur révolte et leur compassion, se sont contentées d'entonner l'éternel refrain : ne pas faire le jeu de l'extrême-droite, ne pas être raciste. Est-il raciste de dénoncer les effets délétères d'une religion sur le comportement des hommes ?

Quant à l'extrême-droite toujours invoquée pour ne jamais rien dire, ce ne sont pas les analyses lucides qui font son jeu. Elle se nourrit du déni pathétique de certains militants. Le réel refusé revient toujours. Cela donne Éric Zemmour. Et voilà comment des femmes peuvent être interdites de rue, de fête, de libre circulation, de dignité même sans que les féministes s'émeuvent. Inutile d'espérer que des

Haas ou des Autain se mobilisent contre l'excision, la polygamie (qui existent en France) ou le mariage de filles de 8 ans, de 12 ans, qui sont des viols organisés et qui existent de nos jours. Elles préfèrent hurler sur ce qu'a fait Polanski il y a quarante ans, ou dénoncer des dragues appuyées, du moment que des Blancs sont les coupables. Comme l'a écrit Simone Rodan-Benzaquen dans le *Huffington Post* en 2016 :

> Aujourd'hui il est temps de regarder les réalités en face et d'en finir avec cette rhétorique infantilisante. Ce n'est pas parce que quelqu'un souffre ou peut potentiellement souffrir de discrimination qu'il ne peut pas être lui-même raciste, misogyne, intégriste ou homophobe. Cette conception racialiste et différentialiste est non seulement inacceptable mais contre-productive. Elle consiste à faire le cadeau du réel à l'extrême-droite et de prendre en otage des milliers de Français et Européens de confession ou culture musulmane pour qui toutes ces atteintes aux valeurs fondamentales sont insupportables.
>
> Ce n'est pas en niant la nature des problèmes que l'on évitera une récupération de l'extrême-droite, bien au contraire.
>
> Avec cette attitude de déni et de relativisme, en abandonnant le terrain des valeurs démocratiques, les progressistes en particulier, creusent leur propre tombe et favorisent l'avènement des populistes qui jouent sur les peurs et trouvent des réponses simples à des problèmes complexes.

Petit exercice d'intersectionnalité :

Soit :

1. Une princesse saoudienne milliardaire vivant dans un hôtel particulier de Neuilly, où elle est servie par

des esclaves philippines, et dont l'activité principale consiste à acheter des sacs Vuitton.
2. Un vieux paysan corrézien vivant dans une maison sans chauffage ni salle de bains et percevant une retraite de 350 euros par mois après avoir travaillé toute sa vie de cinq heures du matin à sept heures du soir.
3. Un ancien résistant, gaulliste, menuisier de son état, natif de Chambéry, déporté à Buchenwald, finissant ses jours en Ehpad à 96 ans.

Auquel de ces trois cas peut-on appliquer les principes de l'intersectionnalité, c'est-à-dire l'analyse du cumul des discriminations ?

Réponse : le cas 1. En tant que femme et Arabe, elle cumule les discriminations. Le cas 2, homme blanc (vraisemblablement hétérosexuel et cisgenre, pour ne rien arranger), est au contraire un oppresseur, tout comme le cas 3.

Vous avez désormais tout compris de l'intersectionnalité, qui d'ailleurs, selon les spécialistes qui l'étudient, est une science.

Quel racisme ?

Le racisme est en Europe et aux États-Unis une véritable obsession. En France on ne cesse d'en parler, on le met en avant au sujet de tout et n'importe quoi, on l'oppose systématiquement à toute critique de certains comportements où l'islam peut être mis en cause. La réalité n'en est jamais remise en question : le racisme est fondamental, endémique, enraciné. C'est un fait.

Beaucoup de sociétés ont vécu sur des fictions, auxquelles la majorité des gens croyaient. Certaines de ces fictions étaient racistes. On a longtemps cru en Europe à un problème juif (certains y croient encore) : il était entendu que les juifs étaient des apatrides qui corrompaient et manipulaient les sociétés qu'ils parasitaient. C'était une fiction. Qui tordait et interprétait de manière tendancieuse certaines réalités, par exemple la présence d'un nombre conséquent de personnes d'origine juive dans la finance internationale. La Chine maoïste a vécu des violents soubresauts politiques, qui étaient fondés sur des fictions. Celle, par exemple, d'une contre-révolution bourgeoise, qui a animé la révolution culturelle.

Le racisme a, incontestablement, sévi en Europe jusqu'à l'orée des années 1980, sans toutefois atteindre la violence de ce qui s'est passé aux États-Unis, notamment dans le Sud. Mais la question qu'on peut se poser est : le racisme est-il encore aujourd'hui un problème majeur en France ? Sa diffusion dans la société est-elle à la hauteur de son omniprésence dans les discours ? Et surtout de quel racisme s'agit-il ?

Les plaintes déposées après des injures et des agressions racistes sont bien documentées par le ministère de l'Intérieur, et sont en dessous de la réalité, car toute victime ne peut ou ne veut pas porter plainte. Elles attestent d'un problème persistant. Et pourtant, pour l'essentiel, le peuple français me paraît, heureusement, éloigné du racisme dans sa grande majorité, de même que l'homme hétérosexuel n'est majoritairement pas un violeur en puissance.

Le racisme pur et dur consiste à considérer, d'abord, qu'il y a des races humaines, ce qui est faux. Il y a des types physiques, des pigmentations. Un Mongol se distingue facilement d'un Congolais. Mais d'infinies nuances existent, des métissages. Certaines personnes qui ont un parent noir ont l'apparence d'un Blanc, etc. Trancher dans cette indétermination, distinguer les types humains était une obsession de la science raciste du XIXe siècle. Et, bien entendu, le raciste structure l'humanité entre races inférieures et races supérieures. Ce racisme pur et dur, qui a justifié des actes criminels, existe encore, certes. Il y a des néo-nazis allemands, il y a des supporters abrutis qui jettent des bananes à des footballeurs noirs. Ignoble, mais marginal.

Il y a aussi, comme dans n'importe quelle société humaine, l'incompressible proportion d'imbéciles qui fonctionnent sur des stéréotypes : le Noir a telles caractéristiques, l'Arabe telles autres, l'Allemand a les siennes, le Chinois aussi. Ne parlons pas du Belge. Bête, désagréable, mais pas pendable, et pas criminogène. Et puis il y a la xénophobie, le rejet de l'étranger, qui n'est pas du racisme, l'étranger pouvant appartenir à un groupe ethnique proche de celui qui le rejette (les Italiens en France à la fin du XIXe siècle, les Coréens au Japon). Là, encore c'est un sentiment vieux comme les civilisations, et universellement partagé.

Enfin, il y a en France deux phénomènes en progression. D'abord le sentiment, majoritaire selon les sondages, qu'il y a trop d'immigrés en France. Il n'est d'ailleurs pas certain que ce sentiment soit moins fort chez les Français issus de l'immigration. Ce sentiment est assimilé à un rejet de l'Autre, et parfois à du racisme. Cela paraît difficile à soutenir dans un pays aussi mélangé que le nôtre. Il semble plutôt naître de l'idée que les populations immigrées peinent de plus en plus à réussir à s'intégrer à la société française, et que l'immigration fournit désormais les plus gros contingents de délinquants, en matière de trafics, d'agressions et de vols.

D'où le deuxième phénomène : une méfiance devant certains comportements de populations de confession musulmane, alimentée par les attentats, mais aussi par la remise en cause de la laïcité et de l'égalité entre hommes et femmes. Quelle que soit l'idée que l'on puisse avoir du bien-fondé de tels sentiments, qu'on les estime injustifiés ou pas, il ne s'agit pas de racisme. D'autant que d'autres sondages, sur les personnalités préférées des Français, font régulièrement apparaître de nombreuses personnes noires ou d'origine maghrébine. Ce qui frappe en réalité, après tant d'attentats et tant de sang versé depuis quelques années au nom d'Allah, c'est la placidité du peuple français. Les musulmans, les populations immigrées dans leur ensemble ne sont pas victimes de campagnes de vengeances et d'assassinats.

Ce qui alimente le discours anti-raciste, c'est l'idée qu'il y a des discriminations liées à l'origine, à l'apparence, au nom. Et il y en a, en effet. On ne peut prétendre qu'elles n'existent pas. Ce qui, en revanche, est très difficile à mesurer, c'est leur caractère raciste. Un trait saillant du militantisme identitaire, c'est qu'il fait l'impasse sur la dimension sociale des problèmes. Lorsqu'un employeur refuse la demande d'emploi venant de quelqu'un qui s'appelle Traoré ou Benothma, est-ce qu'il refuse l'originaire du Mali ou d'Algérie, ou le natif des banlieues ? Est-ce par racisme, ou par un préjugé social qui fait que banlieue = problèmes, dans ses représentations ?

Lorsqu'on dit que les Africains sont victimes d'inégalités, on oublie une chose : une proportion non négligeable d'entre eux sont issus d'une immigration récente et plutôt pauvre. Il faut attendre des années pour qu'une ascension sociale se concrétise. Et l'état de l'école ne favorise guère cette ascension sociale. Voilà les vrais problèmes : le marché du travail et l'école. C'est là que se joue l'égalité. Les immigrés bénéficient d'aides sociales conséquentes, de prestations sociales, de l'école gratuite, on ne peut donc pas dire que la République les abandonne. Mais le problème est social, ce n'est pas une question de couleur de peau. Il faut aussi ne pas s'enfermer dans son identité et de fausses revendications pour que les choses avancent. Il faut ne pas se tromper de combat. Au milieu du XIXe siècle, les Auvergnats étaient des immigrés de l'intérieur : effectuant tous les métiers que les autres refusaient (porteurs d'eau, livreurs de charbon, ferrailleurs...), moqués pour leur « charabia » et leur apparence, ce dont la littérature de l'époque témoigne abondamment. Mais il y a eu ascension sociale, et la question s'est réglée d'elle-même.

On a beaucoup évoqué aussi, comme preuve irréfutable de discrimination, les contrôles au faciès. C'est arrivé à mon fils, dans des circonstances nettement abusives. Et il est normal que ce soit mal vécu par quelqu'un dont le seul délit est d'être noir. Malheureusement, la plupart des migrants en situation irrégulière sont d'origine africaine, nord-africaine ou orientale. Malheureusement, le plus gros de la petite délinquance et du trafic de drogue est effectué par des personnes de la même origine. Bref, Noirs ou Nord-Africains sont certes dans leur grande majorité des citoyens respectables, mais les petits délinquants sont en majorité de jeunes hommes Noirs ou Nord-Africains. Un policier qui contrôle un jeune Maghrébin à capuche a plus de chances de tomber sur un délinquant que s'il contrôle une vieille Bretonne en jupe de tweed (sans doute ne se méfie-t-on pas assez des vieilles Bretonnes en jupe de tweed, mais bon…). Même si, dans la plupart des cas, le Maghrébin à capuche sera d'une innocence parfaite. Si les délinquants étaient en majorité moustachus, José Bové aurait subi plusieurs contrôles « au faciès ». Et il crierait à la moustachophobie.

Par ailleurs, de même que dans le cas des discriminations à l'embauche, ceux qui crient tout de suite au racisme font l'impasse sur la discrimination sociale, ceux qui parlent de racisme pour les contrôles policiers oublient le vêtement, le sexe et l'âge, sans doute tout aussi importants que le type physique. Devinette : sur le même quai de métro, il y a un Noir de 50 ans en costume-cravate portant un attaché-case, et un Blanc de 17 ans en survêt à capuche, jean baggy et baskets. Qui sera contrôlé ? La théorie d'une France raciste est en fait assez abstraite, elle ne prend pas en compte la complexité des situations réelles.

L'économiste noir Thomas Sowell, dans *Intellectuels et Race* (2021) démontre de manière très argumentée que le racisme ou la discrimination n'est pas la cause de la situation des populations noires aux États-Unis. C'est la mauvaise conscience de l'État américain, alimentée par le misérabilisme des intellectuels, qui entretient cette situation, en faisant des Noirs des assistés et d'éternelles victimes. Autrement dit, la culture *woke* est la première responsable de ce qu'elle prétend dénoncer.

En France, ce qui frappe, c'est l'omniprésence de l'antiracisme. Dès les années 1980, le badge « Touche pas à mon pote » fleurissait dans les lycées et collèges. Si l'on veut trouver un raciste dans un lycée ou à l'université, on le trouvera, mais il faudra bien chercher, d'autant que la population scolaire est en France de plus en plus mélangée. Le corps enseignant est dans son immense majorité dopé à l'antiracisme. Journalistes et médias ne cessent de dénoncer le racisme. Artistes, acteurs, cinéastes, écrivains, intellectuels sont uniformément antiracistes. Toute la parole est antiraciste. Et tout cela est très bien. Mais dans un pays censé être raciste, c'est tout de même étonnant.

Ce qui l'est moins, c'est lorsque l'accusation de racisme tourne à l'alibi. Et ce phénomène, lui, est sans conteste omniprésent.

Pour ma part, j'ai au cours de ma vie fréquenté des milieux très différents, par ma famille, mon métier, mes activités sportives : prolétaires de banlieue, paysans, collèges du Puy-de-Dôme et du Pas-de-Calais, lycées de banlieues difficiles, universités, et salles de boxe, au public sociologiquement très mélangé. Je ne dirai évidemment pas que le racisme n'existe pas, j'ai même intenté un procès à un paysan pour injures racistes envers mes fils. Il m'est aussi arrivé de faire taire *manu militari* un ivrogne qui tenait des propos racistes dans le métro. (À l'inverse, j'ai entendu dans un train de banlieue un Noir insulter à voix haute, sans aucun motif, les « boudins blancs » sans que personne réagisse.) Mais c'est resté rarissime.

En revanche, j'ai assisté un nombre incalculable de fois à des accusations de racisme abusives, totalement injustifiées. Parce qu'un élève noir, au lycée de Chelles, avait insulté une collègue qui n'osait rien dire, je l'ai obligé à me suivre chez le proviseur. Un de ses camarades m'a traité de raciste. J'ai envie d'ajouter : bien entendu. C'est tellement facile, tellement automatique. Mon professeur de boxe, Yacine Bouaissa, dont le nom indique assez clairement l'origine, mais ce n'est pas écrit sur son visage, est aussi policier. Il a un jour menotté un Noir qui venait de tabasser un jeune Blanc (je suis bien obligé d'apporter ces précisions, à mes yeux stupides et dépourvues de sens, mais rendues nécessaires à la compréhension de ces histoires). Il a été traité de raciste… par la victime ! On voit à quel point le racisme est ancré dans les esprits ! À moins que ce ne soit un antiracisme sans fondement, purement idéologique. C'est cela, l'expérience la plus répandue, dans ce pays. Une aide-soignante ne répond pas aux exigences d'un patient noir ou maghrébin ? Raciste. On demande à un groupe de ne pas serrer les gens dans une file d'attente, en période d'épidémie de Covid ? Raciste, car il s'avère que le groupe était constitué de Maghrébins. Un différend avec une voisine noire ? Raciste. Une vieille dame, dans un bus, demande à un groupe de jeunes Noirs :

« Pourriez-vous mettre un masque, s'il vous plaît ? » Réponse (rapportée par un Noir ulcéré par leur comportement) : « T'es raciste ? » On critique un cinéaste juif sur la qualité de son film ? Antisémite.

Le racisme est devenu l'excuse universelle. De sorte qu'il est pertinent de se demander si l'idée d'un racisme répandu dans la société française ne provient pas d'un cercle qui s'auto-alimente : le discours obsessionnel sur le racisme alimente l'idée qu'on est victime du racisme, l'idée qu'on est victime du racisme conforte les analyses sur le caractère raciste de la société, etc., à l'infini. « Racisme » est devenu le mantra qui permet d'éviter toute analyse complexe des phénomènes sociaux, et d'empêcher tout discours qui n'a pas l'heur de plaire aux militants identitaires. « Raciste » n'est presque plus qu'un moyen de déconsidérer toute opinion non conforme. Un instrument pour faire taire.

Certains militants, parmi les moins bornés, se rendent un peu compte de l'écart monstrueux entre la réalité du racisme et son omniprésence dans les discours, les articles, la formation. Ils ont trouvé la parade : tout Blanc, qu'il le veuille ou non, qu'il en soit conscient ou non, et même si ni ses actes, ni ses paroles ne le manifestent, est, nécessairement, raciste. De naissance, comme un Noir est victime du racisme, de naissance. Je ne suis pas certain que le vieux paysan cantalien, qui n'avait jamais vu une Noire de sa vie, mais portait des bouquets de fleurs à mon épouse de l'époque, qui l'était, fût bien profondément et bien méchamment raciste. En tout cas, elle les recevait avec plaisir. Et elle avait raison. Pour ma part, je préfère cette conception des rapports humains à celle de ces étudiants de l'Unef qui interdisent l'accès de locaux publics, dans les universités, à des Blancs, pour se réunir et déplorer entre eux les discriminations dont ils s'estiment les malheureuses victimes.

On ne sait que répondre à ce qu'on ne peut que qualifier d'abus de pensée. Cela aussi est une conception de type totalitaire, qui, sans aucune preuve, sans la moindre certitude scientifique, distribue le Bien et le Mal selon la couleur, par un simple ukase. Et c'est, en réalité, l'essence même d'une pensée raciste. La difficulté à montrer que le racisme est un problème foncier, enraciné dans toute la société française, engendre cette autre fiction qu'est le racisme « systémique », qui sévirait dans un appareil d'État où, par ailleurs, les représentants des minorités sont loin d'être absents. Assertion invérifiable, qui se heurte à tout ce qui montre le contraire, la loi, les procès intentés au nom du racisme, l'unanimité des discours antiracistes, la multiplication des formations et des colloques antiracistes organisés avec l'appui des pouvoirs publics. Même Nicolas Sarkozy, accusé de tous les maux, a appuyé la demande du Cran, qui ne voulait plus de culture générale dans le recrutement de certains fonctionnaires – et savait parfaitement que nombre d'entre eux sont « Noirs », pour autant que cet adjectif ait un sens (l'identitarisme se contrefiche des métis, qui semblent ne pas exister).

J'aimerais donner ici un exemple concret (il y en aurait bien d'autres) de la manière dont cette fiction pousse les esprits à ne plus voir la réalité que sous un angle déterminé, et les empêche d'en prendre en compte la complexité concrète. Une journaliste de *Elle* voulait faire un reportage sur un master spécialisé d'une grande université. Elle commence par poser quelques questions à la responsable du master. « Quelle est la représentation des minorités visibles dans ce master ? » « Qu'appelez-vous "minorités visibles" ? » lui demande la professeure. Embarras de la journaliste. Quand on sort du langage formaté pour entrer dans le concret, ça se complique. Un Arabe, c'est visible ? Et il faudrait entrer dans le détail d'appellations raciales embarrassantes. Sans compter que je connais bien des métis, avec un parent noir, qui ont l'air tout à fait blancs.

La responsable du master déplace le débat sur le plan social, ce qui me paraît tout à fait pertinent. Elle fait remarquer à la journaliste qu'il y a des étudiants issus de familles libanaises richissimes, par exemple, et des Blancs issu de familles très pauvres, qui ont dû lutter pour en arriver là. Et aussi des étudiants issus d'Asie orientale, mais ce genre de minorité, tout à fait visible, n'intéressait pas la journaliste de *Elle*. Elle voulait de la discrimination. Et pas moyen d'en trouver. C'est tout de même incroyable. Tout fout le camp.

Elle a fait une dernière tentative, bien décidée à dénoncer le caractère insupportablement bourgeois de cette formation. Au moins ça. En bonne journaliste, elle ne s'était pas renseignée auparavant sur les conditions de la formation, et en demande le prix, s'attendant à une somme exorbitante. Manque de chance, non seulement la formation est gratuite, mais même en partie rémunérée, avec les stages. Vous savez quoi ? L'article n'est jamais paru dans *Elle*. Il n'aurait pas permis de se lamenter, avec la joie des bonnes consciences débusquant l'injustice, sur la discrimination des « minorités visibles ». C'est ainsi que nous sommes informés. C'est ainsi qu'on fabrique l'idée d'un racisme « systémique ».

Accessoirement, c'est une manière de travailler typique des journalistes français, pour qui le réel est accessoire, j'ai pu le vérifier à leur comportement dans certaines affaires auxquelles j'ai été mêlé, et aussi grâce à divers témoignages. La journaliste a une idée préétablie de ce qui *doit* être. Il s'emploie à faire en sorte que son enquête valide son idée préconçue. Après quoi les journalistes déplorent d'être mal compris.

Il y a vingt ans, on ne parlait que de « métissage ». C'était le signe de reconnaissance de la gauche ouverte sur le monde, le mélange des cultures, le mélange des origines. On s'en gargarisait, de *Libération* à l'*Obs*. Le métissage a disparu, englouti dans la déchetterie des idées périmées. Aujourd'hui, on est « racisé », par la domination blanche. Plus question de mélange. Demain, la bonne pensée progressiste trouvera autre chose, qui se périmera aussi.

Le terme « racisé » s'avère très utile. En particulier pour inverser la responsabilité, vieille tactique des militants de partis totalitaires. Il est efficace parce qu'il se fonde sur une certaine pertinence : il permet de ne pas poser la « race » comme une réalité ethnologique. Il permet en outre de rassembler dans une même catégorie toutes les populations censées être victimes du racisme. Reste un problème, qui demeure implicite : racisé par qui ?

Par les Blancs est la réponse évidente. En réalité, les gens racisés le sont en premier lieu par eux-mêmes. On leur a appris à ne plus voir que leur couleur, comme une détermination essentielle. On leur explique qu'ils sont victimes de discrimination. Ils s'en convainquent et voient de la discrimination partout. On leur dit que tous les Blancs sont racistes par essence. Ils sont donc racisés. On assiste à une construction mentale et à un conditionnement qui tient en grande partie de la fiction, aux conséquences désastreuses pour la société et les mentalités. Car si l'on ne voyait pas au départ la couleur des gens, si l'on voyait en eux d'abord des individus, le fait qu'ils essentialisent leur couleur oblige désormais à ne plus voir qu'elle. Ils fabriquent ce qu'ils prétendent empêcher. Quant aux quelques authentiques racistes qui traînent encore ici et là, cela ne les changera en rien. L'antiracisme, juste cause, est devenu fou, comme le dit Pierre-André Taguieff. C'est la « maladie sénile » de la gauche.

La fiction « communisme », à laquelle j'ai cru dans ma jeunesse, était l'antiracisme d'alors. Cela a déjà été dit, et avec raison. Elle formatait les esprits avec des grilles d'analyse universelles, rangeait le Bien d'un côté et le Mal de l'autre. Nous avions nos termes techniques, notre langage liturgique. Cette fiction avait succédé à l'autre fiction qui s'appelait catholicisme, non sans ressemblances. Les allures intellectuelles que se donnaient les prêtres desservant cette religion communiste donnaient la comédie du sérieux et de la pertinence. Mais ce n'étaient que des mots, qui avaient depuis longtemps cessé de correspondre à la réalité. Ils permettaient à ceux qui les prononçaient de se donner de l'importance et d'acquérir du pouvoir. La « bourgeoisie » était l'ennemi. Nous dénoncions les bourgeois, responsables du malheur du monde. Mais comme les décolonialistes d'aujourd'hui, nous avions une ou deux générations de retard sur la réalité. Nous voyions le monde avec des lunettes adaptées à 1930. Cela ne nous empêchait pas de trouver partout des preuves irréfutables du fait que nous avions raison. Et qui critiquait nos théories était un complice objectif de la bourgeoisie, indifférent à la misère du monde. Ce genre de chantage, j'ai déjà donné, je ne suis plus preneur. Mais il fonctionne sur les jeunes esprits ou ceux qui manquent d'un minimum de culture historique.

Il est bien entendu, chez les militants décolonialistes, que le racisme est toujours celui du Blanc contre les « minorités visibles », issues des anciens peuples colonisés. Ils nient qu'il puisse y avoir un racisme anti-Blanc. Pourtant, le langage anti-Blanc est plus décomplexé que le langage anti-Noir : il se sent légitime du fait même qu'il est bien entendu qu'il ne peut pas être raciste. Mais peu importe qu'on qualifie de raciste ou non les « sale Blanc » ou « sale Français », que j'ai plusieurs fois entendus. La haine y est, et ses conséquences parfois funestes. Rejeter un individu en fonction de son origine ou de sa couleur, quelles qu'elles soient, est de toute manière le fait d'abrutis dangereux. Inutile de raffiner et de faire la fine bouche pour savoir si c'est mieux quand c'est « sale Blanc » que « sale Noir ».

Le racisme venant de Blancs est bien loin d'être le seul. Les gamins des banlieues, d'origine nord-africaine et africaine, raisonnent sans aucun problème en termes de races. C'est devenu pour eux une grille de lecture du monde. Ce peut être sans méchanceté. Mais il y a aussi des préjugés sur les Chinois, le mépris des Noirs de la part de gens d'origine arabe, et l'inverse. J'ai plus souvent entendu de propos racistes dans la bouche de personnes venues de l'immigration que de « Blancs » : le taxi camerounais qui vous déclare sans sourciller que sa fille n'épousera jamais un « Arabe », le cafetier kabyle du coin qui déplore que les élèves du lycée ne soient « que des Noirs et des Arabes ». Ne parlons même pas du racisme anti-métis qui prospère aux Antilles. Au contraire de ce que prétendent des militants endoctrinés aux préjugés, le racisme du « Blanc » est en réalité moins vif, moins assuré que le racisme intercommunautaire au sein des minorités.

Le pire est un antisémitisme décomplexé, qui s'est répandu dans la minorité d'origine nord-africaine. La haine des juifs est ordinaire dans les pays arabes. L'antisémitisme d'extrême-droite, dont Jean-Marie Le Pen ou la clique répugnante de *Rivarol* semblaient les derniers dinosaures, était devenu dans ce pays une survivance. Il a connu un regain considérable avec l'immigration. Des militants noirs répandent la calomnie selon laquelle les juifs ont été les grands responsables de l'esclavage, pur mensonge de propagande antisémite diffusé au départ par un ouvrage élaboré par le groupement *Nation of Islam.* Le sinistre Dieudonné appartient à cette tradition de fabrication fictionnelle.

Surtout, l'antagonisme israélo-palestinien a été le prétexte d'un antisémitisme qui sévit désormais dans les banlieues. Il devient difficile à certains professeurs d'y évoquer la Shoah. Les juifs ont quitté certains quartiers, d'autres ont même décidé d'émigrer en Israël, ne se sentant plus en sécurité en France, ce qui devrait être ressenti comme une honte pour notre pays. Cette haine antisémite a culminé avec les meurtres de juifs, Ilan Halimi, Mireille Knoll, Sarah Halimi, les enfants juifs tués par Mohammed Merah ou l'attentat de l'Hyper Cacher. Ne parlons même pas des synagogues incendiées et des écoles juives attaquées au cocktail Molotov, tout cela régulièrement depuis des décennies. Mais on préfère oublier. Et, chose curieuse, les militants identitaires se sentent moins concernés lorsqu'il s'agit de juifs. Et pas seulement eux. Car cela gêne tous ceux qui préfèrent parler d'islamophobie. L'antisémitisme tue, en France. Pas l'islamophobie.

L'invraisemblable prégnance du discours antiraciste s'appuie donc sur une double escroquerie : l'idée que le racisme est universellement répandu en France, profondément ancré, et qu'il n'est le fait que des Blancs. Il est devenu marginal, et très mixte, de la part de gens de toutes origines, visant toutes les couleurs. Il est surtout un moyen de pression et de censure. En outre, les militants identitaires ne supportent pas que des personnes qu'ils qualifient de « racisées » refusent l'assignation à une identité particulière, et manifestent le désir de s'intégrer à la société française, ou nient être des victimes du racisme. Une policière d'origine maghrébine qui ne s'estime pas victime de discriminations est traitée d'« Arabe de service » par Taha Bouafs, et tous ceux qui refusent ce qui n'entre pas dans leur doctrine, et préfèrent changer de réel plutôt que de doctrine. Rachel Khan, métisse aux origines juives et sénégalaises, dénonce ce genre de caricature, dans son essai *Racée*, qu'elle évoque dans un entretien avec *Charlie Hebdo* en avril 2021 : « Quand vous n'êtes pas 100 % d'accord avec les thèses décoloniales, vous êtes immédiatement considéré comme de droite ou d'extrême-droite. » « Aujourd'hui, on est en 2021, mettre la race au centre est une pensée ancienne. » Une pensée ancienne : c'est exactement cela.

Islamo-gauchisme

La ministre de l'Enseignement supérieur, Frédérique Vidal, s'est officiellement émue de l'islamo-gauchisme qui sévit à l'université. Et, comme elle n'a pas inventé l'eau tiède, elle s'est empressée de confier l'enquête sur cette question à des organismes qui vont dans le sens de ce qu'elle dénonce, en particulier le CNRS, dont le président, Antoine Petit, donne dans le « décolonialisme ». Le CNRS a réagi en ces termes à la demande de la ministre :

> « L'islamo-gauchisme », slogan politique utilisé dans le débat public, ne correspond à aucune réalité scientifique. [...] Le CNRS condamne, en particulier, les tentatives de délégitimation de différents champs de la recherche, comme les études postcoloniales, les études intersectionnelles ou les travaux sur le terme de « race », ou tout autre champ de la connaissance.

Une déclaration courroucée de la Conférence des présidents d'université dit à peu près la même chose. Bref, l'université et la recherche défendent bec et ongles les dérives actuelles de l'enseignement supérieur.

Donc, les études intersectionnelles, d'après le CNRS, correspondent à une réalité scientifique, mais pas l'islamo-gauchisme. Bel exemple de rigueur scientifique. Il est scientifique d'étudier la convergence des luttes entre féminisme, mouvements LGBTQ, etc., et islam. Ça ne relève nullement du militantisme, et comme on l'a vu, c'est fondé sur des bases solides. Mais l'islamo-gauchisme « ne correspond à aucune réalité scientifique ». *Libération*, satisfait, a bien entendu développé la même idée. En gros, ce qui est sous votre nez, ce qui se manifeste un peu partout ne peut pas exister, parce que ce n'est pas « scientifique ».

L'islamo-gauchisme est un type de discours, d'action, et d'opinion. Il peut être parfaitement réel sans être scientifique. Le radical-socialisme est une réalité. Il n'a nul besoin d'être « scientifique ». Le gauchisme était une réalité. Il n'a nul besoin d'être « scientifique ». La proposition « l'islamo-gauchisme n'est pas une réalité scientifique » a la même valeur que la proposition (pour reprendre un exemple de Jacques Bouveresse) : « Jules César n'est pas un nombre premier[14]. » La proposition est valide, mais elle n'a aucune valeur car elle associe des entités d'ordres différents. Comme on voit, la capacité à raisonner n'est pas la qualité la plus répandue au CNRS, ce qui pourrait inquiéter.

Si l'on observe les choses avec rigueur, qu'observe-t-on ? Une série croissante de faits, qui en effet ne relèvent pas du discours scientifique, mais du constat empirique.

La défense de Tariq Ramadan par Edwy Plenel, pendant des années, ce n'est pas une réalité scientifique.

14. *Dire et ne rien dire. L'illogisme, l'impossibilité et le non-sens*, Jacqueline Chambon, 1997, p. 92.

Le déni, exprimé dans une tribune du *Nouvel Obs* rédigée par les universitaires Sandra Laugier et Albert Ogien, des attentats islamistes déjoués en France par les services de police, ce n'est pas une réalité scientifique.

Le fait que Clémentine Autain, membre de La France Insoumise et du collectif de gauche Ensemble, ait appelé à un meeting avec Tariq Ramadan, Marwan Muhammad, du CCIF, et les Indigènes de la République, la récupération de certains de ses propos par des médias liés au Frères musulmans, tout cela, ce n'est pas une réalité scientifique.

Que l'universitaire Pascal Boniface signe un ouvrage avec le rappeur Médine, qui préconise de « crucifier les laïcards », s'affiche avec Dieudonné, est lié à une association proche des Frères musulmans, et déclare qu'il n'a pas besoin de la laïcité parce que l'islam lui suffit, ce n'est pas une réalité scientifique.

Qu'un syndicat étudiant de gauche comme la FSE, dirigé par la raciste anti-blancs Hafsa Askar, publie sur son site : « Pour le président de la République, nombre de compatriotes musulman-ne-s se rendent coupable de "séparatisme" en agissant contre la République ; nécessitant le vote d'une loi fourre-tout et à l'application plus que discutable, dont le seul intérêt est encore de focaliser le débat public sur le problème qu'aurait l'islam avec l'État », ce n'est pas une réalité scientifique.

Que le directeur de l'IUT de Saint-Denis, qui s'opposait au prosélytisme d'un syndicat étudiant musulman, ait été suspendu pour « islamophobie », ce n'est pas une réalité scientifique.

Que Jean-Charles Brisard, le président du Centre d'analyse du terrorisme (CAT), ait été privé d'intervention à Jussieu parce que des étudiants avaient jugé l'intitulé de sa conférence à propos du terrorisme après Daech « islamophobe », ce n'est pas une réalité scientifique.

Que l'université Lyon-II ait organisé, avant de renoncer, un colloque sur l'islamophobie, avec le CCIF, aujourd'hui interdit, et Étudiants musulmans de France, en invitant Abdelaziz Chaambi, militant d'extrême-gauche et fondateur de la Coordination contre le racisme et l'islamophobie, fiché S, qui s'est depuis illustré en traitant Éric Zemmour de « bâtard sioniste », ce n'est pas une réalité scientifique.

Que la revue *Multitudes* publie en 2015 un numéro « Décoloniser la laïcité », avec la collaboration des universitaires Sandra Laugier et Albert Ogien, comportant des articles tels que « La Laïcité Répressive », des passages tels que celui-ci, sous la plume de Seloua Luste Boulbina, qui a travaillé au Collège international de philosophie et à l'université Paris-Diderot : « La France, en effet, est étatiquement despotique. Elle n'est pas un pays libéral. Le « bien » des populations se décide au sommet, non à la base par les intéressés eux-mêmes. Le voile en est un symbole. [...] Ce despotisme bien-pensant, appelé « République » ou « laïcité », [...] est devenu une norme politique et sociale : le mépris et, quelquefois, la haine, tous deux subjectivement assassins », ce n'est pas une réalité scientifique.

Qu'un syndicat de gauche comme l'Unef ait une dirigeante portant le voile islamique, ce n'est pas une réalité scientifique.

Que le syndicat Solidaires étudiant-e-s s'oppose, à Paris-VII, à une lecture du texte de Charb sur les « escrocs de l'islamophobie », ce n'est pas une réalité scientifique.

Que le président de l'université Lille-II fasse annuler la lecture du même texte sur pression des syndicats étudiants, ce n'est pas une réalité scientifique.

Que le syndicat Sud éducation, sous le titre « Laïcité, reprenons l'offensive ! » mette en sous-titre : « contre les récupérations racistes et islamophobes », et développe un argumentaire anti-laïque, défendant le voile islamique, s'en prenant au catholicisme mais dénonçant la fameuse « stigmatisation » des musulmans, ce n'est pas une réalité scientifique.

Que Houria Bouteldja, du parti des Indigènes de la République, proche des idées islamistes, se félicite que son parti « rayonne dans toutes les universités », ce n'est pas une réalité scientifique.

Qu'Éric Fassin, professeur de sociologie (sans thèse) à Paris-VIII déclare : « Le problème, ce n'est pas l'islam, c'est l'islamophobie », ou, à propos de la tuerie d'Orlando ou des agressions de Cologne, se livre à des contorsions intellectuelles pour en dédouaner une certaine culture patriarcale islamique, ce n'est pas une réalité scientifique.

Que François Héran, professeur au Collège de France, estime que Samuel Paty avait tort de montrer des caricatures offensantes, ce n'est pas une réalité scientifique.

Que la section locale de l'Unef, syndicat de gauche, ait relayé l'accusation d'« islamophobie » lancée contre deux professeurs de Sciences Po Grenoble, ce n'est pas une réalité scientifique.

Que la CGT, Sud éducation et la FSU se mobilisent pour déplorer le manque de protection dont aurait été victime l'enseignante de Sciences Po Grenoble accusée par l'Inspection générale d'avoir dramatisé la polémique, mais ne se mobilisent pas pour les professeurs accusés d'islamophobie, ce n'est pas une réalité scientifique.

Que les étudiants de Sciences Po organisent un « Hijab day », ce n'est pas une réalité scientifique.

Que l'université Paris-I supprime en 2019 un cycle de formation sur la « prévention de la radicalisation », sur pression de professeurs et de syndicats, pour ne pas « stigmatiser les musulmans », ce n'est pas une réalité scientifique.

Ce ne sont pas des réalités scientifiques, en effet.

Elles se contentent d'être des réalités.

Et comment la nommer, cette réalité nouvelle, qui n'existait pas il y a cinquante ans ? Comment la penser ?

On peut la décrire ainsi : des journalistes, des intellectuels, des universitaires aux idées « progressistes », plus ou moins proches de certains partis de gauche (écologistes, socialistes, France Insoumise...), refusent systématiquement toute critique de l'islam, mettant en avant l'« islamophobie » supposée de ces critiques, qu'ils réduisent volontiers à un pur et simple racisme. Ils refusent de faire le lien entre antisémitisme, terrorisme, sexisme, misogynie et islam, et entendent isoler cette religion de certains de ses effets les plus toxiques. Ils manifestent leur soutien au port du voile, qu'ils considèrent comme un droit et l'expression d'une liberté. Ils associent idées de gauche et défense de l'islam. Cette position est devenue très commune, et largement représentée en France. De quel nom désigner cette réalité ? Pourquoi pas « islamo-gauchisme », qui en résume bien la nature ?

Le refus de ce mot par toutes sortes de tribunes offensées, alors qu'il désigne des faits évidents, montre bien que cette partie de la gauche n'est pas tout à fait à l'aise avec les choix qu'elle a effectués.

La France fut jadis un pays très chrétien, la « fille aînée de l'Église ». Il pouvait coûter très cher de blasphémer, ou de s'opposer au catholicisme. Les hérétiques étaient brûlés vifs. Au XVIIIe siècle encore, Calas a été roué vif, et le chevalier de La Barre décapité. L'histoire de la liberté se confond avec la lutte contre l'absolutisme et la lutte contre la religion. Ce furent d'abord les libertins, au début du XVIIe siècle, dont la pensée se rapprochait du matérialisme, et dont certains étaient athées. Puis l'esprit des Lumières, au XVIIIe siècle, critiqua le fanatisme religieux, l'emprise de la religion sur la société, la crédulité, opposa la raison aux croyances. Les révolutionnaires voulurent déchristianiser la France. Cela n'alla pas sans révoltes de la paysannerie catholique. Au XIXe siècle, cet essor du rationalisme permit l'explosion des recherches et des découvertes scientifiques et techniques. Ces progrès scientifiques permirent de remettre en cause la conception du monde et de l'histoire de l'humanité fondée sur les textes sacrés. Sous la IIIe République, des luttes politiques parfois violentes permirent la séparation de l'Église et de l'État, et instaurèrent une éducation indépendante des congrégations chrétiennes. Cela fut imposé par la gauche, contre les partis monarchistes et la droite. La laïcité devient le concept politique qui correspondait à la liberté de conscience: la France n'est plus un pays catholique. Toutes les religions y ont droit de cité, toutes peuvent être pratiquées, pour autant qu'elles ne cherchent pas à s'imposer contre les autres croyances et opinions. La laïcité, c'est la liberté d'avoir l'opinion que l'on veut. Si la France n'était pas laïque, les musulmans ne pourraient pas pratiquer leur religion librement.

Tout cela ne fut pas seulement l'affaire des luttes politiques, des recherches savantes, d'un travail intellectuel. Des pamphlets, des caricatures, des libelles souvent très virulents, maniant l'injure, l'agression, le blasphème, s'en prirent au catholicisme, pour répondre à la violence qu'il pouvait exercer sur les consciences et sur les corps. Les premières vagues d'immigration, composées d'Italiens, de Polonais, de Belges, d'Espagnols, tous catholiques, ne changèrent rien à cette entreprise de libération des consciences.

La lutte contre l'emprise religieuse a toujours été un combat de gauche. Mais une nouvelle immigration, massive, en provenance surtout d'Afrique, à partir des années 1960, a compliqué la situation. Ces populations étaient en grande majorité musulmanes, imprégnées des modes de vie, des croyances, des relations humaines façonnées par l'islam. Leurs sociétés n'avaient connu ni l'esprit des Lumières, ni la critique de la religion, ni la laïcité. Pour eux, l'islam était et demeure de l'ordre du sacré. Toutefois, la gauche s'est tout naturellement tournée vers l'appui à ces travailleurs immigrés, parce qu'ils faisaient partie des exploités, parce qu'ils étaient victimes de racisme, parce qu'ils venaient de pays colonisés. Tous, à gauche, avions à cœur de soutenir, aider, promouvoir les immigrés algériens, tunisiens, marocains, maliens, sénégalais, etc.

Il a fallu tout de même prendre conscience que les victimes avaient amené avec elles des idées dont on commençait à peine à se débarrasser: antisémitisme, obscurantisme religieux, sexisme. Que faire avec cela? Toute une partie de la gauche a préféré ne pas voir, comme si cela n'entrait pas dans ce que l'on peut penser. Qu'un oppressé devienne oppresseur là où il le peut, c'est pourtant un classique de l'analyse politique, et du marxisme. Qu'un aliéné ne soit pas conscient de son aliénation et qu'il la transforme en part de son identité, qu'un asservi admette, veuille son asservissement et le transmette, de même. Les parents de Claire Koç étaient de pauvres bergers, adeptes de la branche alévie de l'islam, persécutée en Turquie. Accueillis par la France, ils ont refusé l'intégration de leur fille et tenté de la plier à un rôle traditionnel de femme à la maison, soumise à son mari. Ayant choisi de s'émanciper, Claire Koç est aujourd'hui menacée de mort.

La situation nouvelle créée par cette immigration demandait à être pensée. L'islamo-gauchisme, c'est la part de la gauche qui n'a pas voulu effectuer ce travail intellectuel, et en restée au stade victimaire, qui a l'avantage de sembler sympathique et généreux, mais qui ne sert qu'à perpétuer des schémas destructeurs pour la démocratie et les valeurs républicaines. « Racisme » et « stigmatiser » sont les maîtres mots du langage automatique permettant de ne pas penser. Cette gauche-là a déserté en grande partie les luttes sociales pour se focaliser sur les identités et les communautés. Mais elle refuse de le reconnaître. Là encore, certains médias jouent un rôle discutable dans la manière partisane qu'ils ont de rendre compte de la réalité. Pour traiter de ce sujet, Bruno Duvic invite sur France Inter, le 9 novembre 2021, Thierry Pech, directeur général de Terra Nova, qui avait élaboré le changement d'orientation de la gauche – ce qui fut dénoncé par toute une partie de cette sensibilité politique. Une seule voix, un seul avis : non, la gauche n'a pas abandonné les classes populaires. Et la direction de France Inter n'est pas contente lorsqu'on l'accuse d'être partisane !

Une autre gauche, celle dont *Charlie Hebdo* est à la fois l'image et la figure sacrificielle, est restée, notamment, fidèle à la ligne anticléricale. Elle ne voyait pas de raison de ne pas combattre une religion qui cherche à empiéter sur l'espace public, alors qu'elle l'avait fait pour le christianisme. Les musulmans sont des citoyens français adultes, pas des enfants incapables de comprendre les valeurs démocratiques, pour lesquelles tant de militants ont combattu lors du printemps arabe. Leur opinion peut être remise en cause comme toute opinion. Les paysans vendéens qui se révoltaient pour leurs prêtres et pour le roi étaient très pauvres. Cela n'empêche en rien qu'on pouvait estimer devoir combattre leurs valeurs. Les paysans bretons qui défendaient armes à la main les moines que la république voulait expulser, un siècle plus tard, étaient misérables. Était-ce une excuse ? On les a traités sans ménagement, parce que la loi républicaine devait s'appliquer. Le misérabilisme est toujours une forme de mépris. Ce qu'on demande aujourd'hui à l'islam est bien moindre que ce qu'on demandait aux catholiques en 1900.

En outre, dans un pays d'immigration, accueillant des personnes d'origine, de croyances, de cultures très diverses, la laïcité est le seul moyen d'assurer la paix civile et l'égalité. En d'autres termes, la laïcité est un instrument de l'universalisme, idéal permettant de considérer chaque citoyen comme une personne, et non comme le représentant d'une culture ou d'une opinion.

S'attaquer à une opinion n'est pas s'attaquer aux personnes. Aucun croyant ne peut être réduit à ce qu'il croit. En revanche, on peut estimer qu'il est aussi victime de sa croyance. Elle l'enferme dans certaines représentations, empêche sa prise de conscience, et dans le pire des cas le relègue dans l'obscurantisme. On ne voit pas en quoi chercher à l'en libérer serait le « stigmatiser ». Ce n'est même pas sa foi qui est en cause, mais certaines applications de sa foi dans la société, l'espace public, la liberté. La laïcité lui demande de respecter la liberté de conscience, la liberté de parole, l'égalité homme-femme. Qu'il continue à vivre sa foi dans son intimité, sans l'imposer aux autres. « Fachosphère » est un mot qui permet de masquer le fait que ce sont des gens de gauche ou des démocrates, en majorité, qui se lassent, justement au nom de leurs idéaux, de la perpétuelle justification des comportements anti-démocratiques de certains musulmans.

Il ne s'agit en aucun cas de s'en prendre à une religion, qui est une opinion comme une autre, ni même au fait religieux, mais de veiller à ce que la croyance reste cantonnée à l'espace privé. Toutes les religions sont concernées, en tant que religions. Toute religion porte en elle un ferment de totalitarisme. Elle ancre ses préceptes dans l'absolu, ce qui leur donne un caractère sacré. On ne discute pas avec l'absolu, il est au-delà de la mesure humaine. Mais elles sont aussi concernées par leur nature particulière, leurs préceptes spécifiques, leur morale, leur représentation tranchée du Bien et du Mal. Ce qui n'empêche nullement chaque religion d'avoir permis l'essor d'une spiritualité qui a enrichi l'esprit humain, lui a ouvert de nouveaux espaces, par exemple, pour l'islam, al-Hallaj, Rumi ou Ibn al-Arabi.

La question de l'identité

L'idée de nation ne cadrait pas avec les systèmes politiques du XVIIIe siècle. Les monarques régnaient sur des territoires aux populations hétérogènes, et qui se modifiaient au gré des guerres et des héritages. C'est la dynastie qui faisait l'unité de ces territoires. La Révolution française a créé l'idée de nation comme corps politique homogène. Le romantisme a donné un fondement culturel à cette conception en réhabilitant l'art et les traditions populaires. Un État devait être l'expression du peuple, non la propriété d'un monarque. De sorte que le nationalisme a d'abord été considéré comme la voix même de la justice et de la liberté. L'Italie et l'Allemagne ont réalisé leur unité à partir de ces conceptions.

Mais la concurrence entre nations, qui se sont bâties en opposition les unes aux autres, a conduit l'Europe au carnage et à un quasi-suicide, durant les deux guerres mondiales. La toute jeune idée de nation n'y a pas résisté, et le nationalisme, idée progressiste au départ, s'est vu assimilé à l'extrême-droite, d'autant plus que la construction d'un empire colonial trahissait l'idéal d'État-nation. Pour la gauche, l'identité nationale est devenue un épouvantail, une conception mortifère, habitée par les fantômes du nationalisme allemand ou du chauvinisme français. De sorte que l'identité nationale est devenue honteuse en France. Lorsque, sous la présidence de Nicolas Sarkozy, a été lancée l'idée d'un débat sur l'identité nationale, la levée de bouclier a été immédiate à gauche. Ce n'était même pas l'affirmation d'identité qui était rejetée, mais le simple fait d'en débattre. Le débat devenait de droite, et le refus du débat de gauche. Michel Wieviorka, sociologue de gauche, est intervenu à cette occasion sur France Inter pour déclarer à quel point il était risqué de lancer un tel sujet. Il valait mieux confier la réflexion à un comité de spécialistes. Laisser une question au peuple, c'est toujours dangereux. Pourtant, il ne paraissait pas inintéressant, il était même assez sain d'examiner ce problème dans un pays qui, depuis 1940, le pétainisme, les guerres de décolonisation, a appris à avoir honte de lui-même. Dont la population a été modifiée en très peu d'années par d'importantes vagues d'immigration, chacun arrivant avec ses coutumes, ses religions, sa langue, sa culture.

Mais parler d'identité française était considéré comme une agression contre les populations d'origine immigrée, cela réveillerait les vieux démons nationalistes, et, selon une formule qui désormais sert à clore toute discussion, ferait « le jeu du Front national ». De sorte que l'identité nationale est en effet abandonnée à l'extrême-droite. Les « identitaires », sont sans conteste des néo-fascistes.

On en est arrivé à ce que des journalistes de gauche, comme Éric Aeschimann, considèrent que toute idée d'identité française est à proscrire, comme fausse ou dangereuse. La France, déclare Éric Aeschimann dans *L'Obs*, n'est qu'« un territoire où des hommes sont passés, ont vécu, se sont organisés pour vivre ensemble, et c'est tout ». C'est nier, sans aucun problème, toute identité culturelle. L'histoire, qui construit des constantes, un habitus, des références communes, est évacuée. Le président de la République lui-même, Emmanuel Macron, a pu déclarer : « Il n'y a pas de culture française », ce qui équivaut à un suicide national.

Des millions d'étrangers admirent la culture française, mais le premier des Français déclare qu'elle n'existe pas. Il a ajouté : « Il y a des cultures en France. » Si cette seconde partie de la phrase a un sens, il est que diverses cultures d'égal intérêt coexistent sur le territoire qui s'appelle France. On aimerait savoir quelles sont ces cultures : maghrébine ? bretonne ? alsacienne ? Et dans ce cas, Flaubert, Debussy, Manet, Rodin appartiennent à quelle culture ? Ce qui est plus clair, c'est qu'il faut à tout prix refuser qu'il y ait une unité culturelle française, donc une identité française, puisque si l'identité a un sens, un contenu, ce contenu réside tout entier dans la langue et la culture.

Au nom des identités de genre, de religion, d'ethnie, et sous prétexte de sensibilité blessée, on entreprend de nettoyer la culture, de bâillonner ou d'enrégimenter les créateurs contemporains, de censurer et d'expurger ceux du passé, voire de supprimer un legs aussi immense, aussi riche, aussi essentiel que la culture classique, ce que ni les nazis ni les staliniens n'avaient osé faire. À l'inverse, l'identité nationale étant déclarée inexistante, on aboutit *ipso facto* à ce que la culture, qui fonde toute identité nationale, soit nulle et non avenue. Les choses sont claires : décolonialistes, indigénistes, islamistes, féministes dévoyées et transgenres devenus fous ont entrepris la plus grande opération de nettoyage culturel de l'histoire.

La culture française a fait pendant des siècles, et fait encore, l'admiration du monde. C'est pour cela aussi que la France attire encore, fait rêver à l'autre bout du monde. Victor Hugo est un nom qui signifie quelque chose en Égypte comme au Paraguay. Comment ne pas croire alors qu'il n'y a pas d'identité française, c'est-à-dire une particularité qui s'est construite siècle après siècle ? La pensée contemporaine de gauche, dans son rejet aveugle de tout ce qui pourrait ressembler à une identité française, en est réduite à ne plus considérer la culture comme un élément qui cimente les communautés humaines. La société qui nous est proposée par cette idéologie est un pur arrangement provisoire et matériel, auquel aucune valeur ne peut se rattacher.

Curieusement, alors que ce débat sur l'identité nationale a provoqué une levée de boucliers chez les bonnes âmes progressistes, et dans les médias qui relaient en priorité leurs idées, c'est-à-dire la radio publique, dès qu'il s'agit de sport, en particulier de football, la question nationaliste ne se pose plus : on ne parle plus que des équipes françaises, des athlètes français, on désire avec ardeur leur victoire et on associe toute la communauté nationale à ce désir, bref, on est d'un chauvinisme crasse sans états d'âme. Alors qu'il s'agit précisément de la forme la plus basique, la plus stupide de l'identité nationale, dépourvue de tout contenu : il faut soutenir les Français parce que nous sommes français. Et c'est tout. Le degré zéro de l'identité.

Il n'existe presque pas de pays qui ne ressente pas de fierté nationale. Il ne s'agit pas de s'en réjouir, c'est un fait. La fierté nationale s'exprime sans complexe en Égypte, aux États-Unis, en Argentine, en Chine, en Bulgarie ou en Thaïlande. Personne n'y trouve à redire. En France, il faudrait que ce sentiment soit honteux, parce que plus ou moins fasciste. Un étudiant syrien à la Sorbonne peut ainsi se trouver dans la position curieuse de quelqu'un dont l'origine, la nationalité, dont il est fier, ne sont nullement critiquées, font au contraire l'objet d'une réception favorable, de la part de condisciples français pour qui revendiquer leur propre identité nationale serait vu comme fasciste, ou, en tout cas, serait perçu comme une offense et un rejet.

De même, il paraît normal aux yeux de tout le monde, en particulier des plus sourcilleux antifascistes, qu'un Basque revendique son identité basque, qu'un Noir revendique son identité noire, qu'un homosexuel revendique son identité homosexuelle, etc. À tous les niveaux, l'affirmation de l'identité est considérée comme juste, excepté l'identité nationale. Les identités et les cultures régionales ont réussi à faire admettre leurs particularismes et la légitimité de leurs demandes d'autonomie. C'est le progrès. L'identité nationale, c'est la régression.

La différence des cultures, des mœurs fait la richesse du monde. On est à juste titre catastrophé lorsqu'une langue meurt, lorsqu'une culture disparaît avec ses derniers représentants, parce que c'est un pan d'humanité qui s'éteint. Pourquoi le sommes-nous ? Nous ne le serions pas s'il ne s'agissait que d'un groupe hétérogène de gens ayant séjourné un temps sur un territoire, définition de la nation selon Éric Aeschimann. Mais ce qui disparaît à jamais, c'est une vision du monde, une manière particulière d'envisager les relations humaines, d'entretenir un lien avec son environnement, d'engendrer des mythes. La diversité des cultures, donc des identités nationales, lentement façonnées par l'histoire, nous allons les chercher au Japon, en Angleterre, en Inde, et nous nous désolons lorsque certaines particularités nationales disparaissent.

Au bas de l'échelle des identités, d'un point de vue quantitatif se tient l'identité individuelle. Comme la nation, le sujet individuel est une création de la Révolution française, qui lui donne une existence légale, de Rousseau et du romantisme, qui lui donnent une consistance philosophique. L'individu n'a cessé de prendre de l'importance dans les sociétés occidentales, et les années 1970 consacrent sa royauté, durant lesquelles il affirme son mépris des contraintes sociales.

L'individu est désormais souverain, autonome, libre, autojustifié. Il est fier d'être lui-même, quelles que soient ses caractéristiques physiques, sociales, morales, psychologiques. Les émissions de télévision, les jeux, la téléréalité, parachèvent cette consécration. L'individu s'affirme sans complexe : sa valeur lui vient de ce qu'il est lui. Je suis qui je suis, et cela suffit. Contemplez-moi et prenez-moi comme tel. La littérature contemporaine même ratifie cette circularité de la valeur individuelle : dans l'inépuisable déversement de confessions, d'autofictions, d'autobiographies, de journaux intimes, de souvenirs, c'est toujours l'individu qui s'affirme sans autre justification à son exposition publique que d'être lui-même. Les réseaux sociaux multiplient de manière exponentielle cette exhibition triomphante : chacun expose à l'univers ses repas, ses vacances, son maquillage, convaincu que cela a de l'intérêt, dans une infantilité perpétuelle, qui renouvelle le geste fier de l'enfant montrant à sa maman qu'il a bien fait caca.

Le citoyen n'a plus à être informé, il est désormais la source de l'information et son opinion même vaut information. La multiplication des « micro-trottoirs » ressasse cette circularité de la valeur individuelle : lorsqu'il fait chaud, il s'agit de demander à un individu quelconque de corroborer ce fait, de l'attester, oui, il trouve qu'il fait chaud. Sur tous les sujets, les sondages recueillent l'opinion des citoyens, ou évaluent les jugements exprimés sur les réseaux sociaux, et subrepticement les opinions acquièrent le même intérêt, la même valeur que les faits.

Cette royauté du sujet individuel a gagné le système éducatif. La « verticalité », c'est-à-dire le fait que quelqu'un possédant le savoir le transmette d'autorité à quelqu'un qui ne le possède pas, a mauvaise presse depuis des années. On a appris aux enseignants que l'enfant devait « construire lui-même ses savoirs », s'exprimer, discuter. En d'autres termes, les enfants, qui étaient autrefois invités à laisser à la porte de l'école leurs particularités familiales, individuelles, culturelles, pour découvrir autre chose, d'autres mondes, d'autres histoires, sont au contraire confortés dans ce qu'ils sont déjà. Ce qu'ils sont déjà, ce qu'ils savent, c'est ce qu'ils ont vu et entendu dans leurs familles, dans leur cercle de camarades, à la télévision, sur les réseaux sociaux. Désormais, l'école ne leur propose plus de modèle ferme pour échapper à la puissance de ces déterminismes, ou les confronter à une parole forte. On a pu craindre que la « verticalité » uniformise les différences culturelles. Au contraire, ce sont bien les médias le plus puissant facteur d'uniformisation, contre laquelle l'école échoue à lutter.

Désormais, même dans des formations professionnalisantes, qui demandent une certaine maîtrise de points techniques, on voit arriver des étudiants formés à l'idée qu'ils sont tout à fait capables de « construire eux-mêmes leurs savoirs », et convaincus que Wikipédia ou les réseaux sociaux détiennent des connaissances à placer sur le même pied que celui d'un professeur d'université longuement formé dans des spécialités très pointues. De plus en plus souvent, lorsqu'on leur enseigne des détails qui relèvent d'une connaissance objective, leur réaction est de dire : « Je ne le vois pas comme ça », « Ça se discute », ou « Ce n'est pas ce que j'ai lu sur tel site. »

Il est possible aussi que les conséquences de cette capitulation face à la royauté du sujet soient plus graves, et se jouent sur le plan anthropologique. De sérieuses études récentes ont montré une tendance à la baisse du QI dans les sociétés modernes. Cela n'est peut-être pas sans rapport avec cette idée que le sujet individuel est détenteur *a priori* du savoir et légitime dans tout ce qu'il dit. Les animaux, pour se former, imitent leurs parents. La progression intellectuelle de l'humanité s'est faite par une imitation des sujets les plus compétitifs. En d'autres termes, la royauté du sujet dans la relation éducative le renvoie à son milieu d'origine. Il ne peut plus se modeler sur des intelligences extérieures à son cercle, cela d'autant plus que l'obsession égalitariste tend à niveler par le bas. La fin de la « verticalité » dans le rapport éducatif, sous prétexte de démocratie, a signé le malheur des classes populaires, pour qui l'ascenseur social est désormais en panne, ce qui n'était pas le cas à l'ère où l'enseignement était encore « vertical ».

À tous les niveaux de l'identité, donc, tout le monde est désormais « fier ». C'est le grand mot. Il est possible d'être fier de n'importe quoi, puisque tout choix effectué par le sujet est légitime. Fier d'être supporter, fier de la victoire de l'équipe locale de foot, fier d'être du Nord, fier d'être du Midi, fier d'être noir, fière d'être voilée, fier d'être obèse, fier d'être homosexuel, fier d'être travesti, fier d'être paysan, fier d'être marin, etc. Cela peut encore se comprendre lorsqu'il s'agit de revendiquer des choix ou une identité considérée autrefois comme honteuse, qu'on devait dissimuler. « Fier d'être homosexuel », par exemple, est à cet égard une réaction normale, et même salutaire. Le problème est que cela se noie dans ce mouvement général où tout ce qui compte est la revendication de soi comme fondement absolu. Toutes ces fiertés paraissent tout à fait légitimes, et personne ne songerait à les contester, à part quelques représentants moisis d'une pensée traditionaliste, ou des religieux, chrétiens ou musulmans, qui n'admettent qu'une hétérosexualité encadrée par le mariage. Mais alors, pourquoi, si toutes ces couches d'identité sont admises, et même validées par la pensée progressiste, le niveau le plus global, le niveau national, en est-il exclu ?

On l'a dit, le lourd passif des guerres mondiales et de la colonisation projette toujours son ombre sur l'idée d'identité nationale. On a assisté, récemment, à un retour des réflexes nationalistes en Europe. Ils ont occasionné des dommages considérables en Serbie. Ils peuvent inquiéter en Hongrie ou en Pologne. Reste que nous ne sommes plus en 1939. L'Union européenne a en grande partie stérilisé le ventre d'où est sortie la bête immonde, et l'instauration d'une dictature fasciste dans un pays européen semble incongrue. La montée des partis d'extrême-droite peut inquiéter. Mais elle n'est possible justement que parce que, au moment où affluent des migrants dépositaires d'autres cultures, d'autres modes de vie, d'autres croyances, le pays qui les accueille ne sait plus très bien qui il est, ce qu'il a à proposer, les valeurs qu'il entend défendre. D'où des réactions défensives, qui se font souvent sur des valeurs mortes, des conceptions purement réactionnaires.

Ce que nous proposons aujourd'hui à ceux qui arrivent en France pourrait se résumer à ceci : des conditions matérielles d'existence, et pour le reste, chacun est cantonné à son cercle culturel. Mais pratiquement rien qui, au niveau national de l'identité, offre à tous les autres niveaux d'identité des valeurs communes qui leur permettent de communiquer et de cohabiter sereinement. L'assomption du sujet individuel est une tension à l'œuvre dans toute démocratie. Et la démocratie, en effet, le protège et lui donne des droits, ce qui est salutaire. Mais dans les proportions qu'elle prend aujourd'hui, elle entre en conflit avec la cohésion, avec la possibilité d'échanges sans lesquelles une communauté humaine est condamnée à de sérieux dysfonctionnements.

Quelque chose en moi résiste à cette nécessité de la communauté. Un reste d'anarchie des années 1970, d'idée que la société est répressive, que l'individu prime sur tout. Toutefois, j'ai conscience que je ne serais rien sans la communauté, c'est-à-dire l'organisation sociale, la civilité, la culture.

J'appartiens à une génération qui a eu 20 ans dans les années 1970. Pour nous, toute réaction cocardière, tout nationalisme était ringard, et nous étions toujours prêts à nous moquer de ce qui nous apparaissait comme franchouillard. C'était l'époque du Superdupont de Gotlib, qui moque les ridicules nationalistes, ou de *Dupont Lajoie* d'Yves Boisset, qui stigmatise le racisme du Français moyen. Nous reconnaissions nos idées dans ces charges. Reste que le fait d'être français, dans toutes ces couches dont se compose l'identité d'un individu, implique quelque chose, a une signification. Chaque individu est une entité composite dans laquelle entre une certaine dose de francité. Et comme tout ce qui constitue l'individu, cet élément peut être mortifère, sclérosant, ou être utilisé de manière fructueuse.

Être fier d'être quelque chose est sclérosant. C'est une forme de repli, ou de protection infantile contre ce qui pourrait menacer l'intégrité de l'identité. Celui qui est fier de quelque chose trahit plus ou moins l'angoisse d'une inconsistance intérieure. La fierté d'être quelque chose, d'être de quelque part, est d'autant plus absurde que, la plupart du temps, on n'y est pour rien. Être fier d'être Français, ou Chinois, ou supporter de l'équipe de Marseille, est d'autant plus pathétique qu'on pourrait tout aussi bien être fier d'être autre chose. Si chacun est fier de son origine, cette fierté perd tout contenu et toute raison d'être. À plus forte raison si l'on estime que toutes les cultures, que toutes les nations se valent. Ce dont on est fier, c'est-à-dire soi-même, ou sa région, sa couleur, son sexe, sa religion, sa nation, n'est plus qu'un signe qui ne désigne rien. On est fier d'être. Ce qui n'a aucun sens.

Encore pourrait-on admettre qu'on soit fier non de ce qu'on est, mais de ce qu'on a fait : écrit un livre, battu un record, gravi un haut sommet, réussi à échapper au déterminisme social, etc. Mais rien n'est plus accablant que les héros qui racontent leurs exploits, ou revendiquent leur réussite. C'est que la fierté est mortifère. Elle calcifie l'être. Elle lui fait oublier sa liberté, qui consiste à ne jamais s'arrêter sur une qualité ou un accomplissement, à être autre chose que ce qu'on est. Elle occulte cette dimension fondamentale de l'humain : il est en dette. En dette envers le monde, envers les autres, envers lui-même. Ce qu'il est n'a aucun sens s'il se résume à engranger ce qu'on lui donne, et à en réclamer toujours. L'homme est en dette de la vie, du monde, de l'amour, de ce qu'il est et qui n'appartient à nul autre.

Sa singularité individuelle est donc une dette, pas seulement un nœud de droits. Plus grands sont les dons, plus grande est la dette. Un être particulièrement doué, intelligent, doit considérer ces facultés comme une dette, qu'il n'arrivera jamais à rembourser, mais il doit s'y efforcer. Bien sûr, les pauvres, les handicapés, les faibles ont une dette moins importante. Mais s'ils sont conscients d'être eux aussi en dette, ils y gagnent noblesse et dignité. Ils sont à égalité de position avec les plus avantagés. Et chacun recevra : la communauté humaine est un potlatch de dons.

Cela ne signifie pas pour autant, bien entendu, qu'elle est apaisée. Il y a des conflits, il y a des injustices. Elles viennent justement de ce que certains ont oublié leur dette. Et il faut se dresser contre toutes les injustices. La question ne s'arrête pas là. Encore faut-il savoir pourquoi et comment on se dresse contre les injustices. Celui qui est victime, qui est relégué à une position d'infériorité, dont les droits sont bafoués, risque de chercher à se rattraper, à se donner à lui-même une image de dominant, en oppressant d'autres personnes, en les victimisant. Un ouvrier qui lutte pour obtenir de justes conditions de travail peut battre sa femme ou tenir des propos racistes. Un immigré victime de racisme et cantonné à des activités peu prestigieuses ou réduit au chômage peut retrouver une certaine estime de soi-même dans le machisme, en exerçant sa domination sur les femmes. Les militants préfèrent oublier cette dimension humaine, et considéreront comme une offense qu'on la rappelle. Le déni, ici, est presque la règle. Si quelqu'un que l'on considère comme une victime fait d'autres victimes, c'est tout à fait justifié. C'est ainsi que la révolte contre une injustice supposée en vient à valider une autre injustice.

D'un point de vue plus général, la lutte contre l'injustice devient un moyen commode d'accéder à des places de pouvoir, de justifier tous les excès, de passer du statut d'oppressé à celui d'oppresseur. Elle peut être un merveilleux alibi. L'histoire est faite en grande partie de ces causes légitimes retournées en tyrannie. C'est le risque qui pèse lourdement sur les revendications des mouvements identitaires. Celui qui, dans sa lutte contre l'injustice, ne compense pas son statut de débiteur légitime par la conscience de sa dette envers tout ce qui n'est pas sa cause, finit en tyran ou en auxiliaire de la tyrannie. La lutte contre l'injustice n'a de sens que si celui qui s'y engage a conscience de sa dette envers l'humanité.

Ce qu'il doit à l'humanité, c'est de la préserver, de garder le sens de l'humain, c'est-à-dire la liberté sans laquelle je m'enferme dans une identité figée. Étant en dette envers l'humanité, qui m'a donné de pouvoir être, je suis en dette envers la liberté. Je suis redevable à tout autre de sa liberté d'agir et de penser. Mais ma dette envers la liberté m'impose aussi d'exercer mon droit de critique, de mettre du jeu, de mettre de la liberté dans ce qu'est l'autre. Il doit non seulement exiger d'être libre, mais exiger que cette liberté s'exerce pour lui, ou contre lui.

Un des grands problèmes qui se posent aux démocraties contemporaines c'est que le stade suprême de l'identité est devenu l'identité individuelle, ce qui est une conséquence des idéaux de liberté. Les jeunes générations ont été formées à l'idée que la société avait une dette envers eux, et que leur identité individuelle constituait une sorte d'entité sacrée qu'on ne pouvait en aucun cas offenser. Il en est de même de tous les autres constituants de leur identité, ethnique, sexuelle, religieuse. C'est à juste titre que Caroline Fourest a pu intituler un livre *Génération offensée.* Un étudiant américain ou français est de plus en plus un individu offensé par le moindre propos, la moindre critique, le moindre trait d'humour. La liberté qui l'a engendré comme individu, entre le XVIIIe siècle et la Révolution française, est devenue sa principale ennemie. On lui doit tout, il n'a pas de dette. Il a cessé d'être libre parce qu'il s'est enfermé dans sa sacralité.

Être libre signifie deux choses : s'efforcer de s'acquitter de sa dette, et, mais ce n'est qu'un aspect de la dette fondamentale, être conscient qu'on n'est pas ce qu'on est.

Je ne suis pas ce que je suis : formule étrange. C'est celle de la liberté selon Sartre. Je suis en travail. Je suis ce que je décide de faire avec ce que je suis, et le chantier n'est jamais terminé. C'est une autre version de la dette, celle que j'ai envers moi-même. L'homme est une possibilité ouverte. Il ne peut pas se résoudre à se résumer à un destin. C'est pourquoi il n'a pas à être fier : il n'en a jamais fini avec lui-même. À toutes les fiertés, à tous les replis sur une identité, quelle qu'elle soit, il faut opposer ce travail sur soi, qui nous fait humains, et non pas Chinois, Bretons ou Noirs. Un Noir n'est pas noir, un Breton n'est pas breton, une femme n'est pas femme.

Bien sûr, ils le sont. Il est impossible, pour l'homme, d'échapper à certaines déterminations qui vont constituer son identité. Il faut en passer par là, l'identité est une nécessité, mais une nécessité pour aller vers autre chose qu'elle, vers ce qui la dépasse. En d'autres termes, je suis Noir : si j'en reste là, si ma négritude est un terminus, je vais me scléroser dans cette identité close. Car j'ai aussi la possibilité de concevoir ma négritude comme une manière très spécifique, et semblable à nulle autre, de m'approcher de cet état indéterminé, dans lequel s'estompent les singularités et les idiosyncrasies, de cet état neutre qui permet aux singularités de communiquer entre elles, et qui leur permet de se libérer d'elle-même, qui se nomme humanité.

L'humanité n'est autre que cette possibilité toujours ouverte de n'être pas ce qu'on est. Comme noir, je suis en dette envers ma négritude, mais ma négritude est en dette avec ce qui l'englobe et la dépasse, et qui est l'humain comme horizon de tous les modes d'être, comme fin des différences, et qui est ce qui donne sens aux différences. On doit être ce qu'on est, pleinement, mais plus on l'est pleinement, plus on découvre dans cette identité tout ce par quoi elle s'échappe à elle-même. On pourrait imaginer cet état comme celui qui a été décrit par certaines personnes qui ont fait l'expérience d'une mort apparente : ils se voient, au-dessus, à côté d'eux-mêmes. Ils sont encore eux-mêmes, et cependant au-delà en même temps, dans une marge où ils peuvent contempler sereinement leurs angoisses et leurs difficultés.

S'envisager au-delà de soi-même n'est pas se renier, mais instaurer la distance nécessaire au jeu, au sens où une pièce mécanique a du jeu, une légère non-coïncidence, c'est-à-dire à la liberté, et à la possibilité de toujours se créer.

Je suis une femme, en partie par déterminisme biologique, en partie par construction culturelle. Le fait d'être femme n'est qu'une modulation du fait d'être humain. Je ne vis pas, je ne pense pas exclusivement comme femme, ni comme Noire ou comme Blanche, ni comme lesbienne ou comme hétérosexuelle. Ce n'est pas comme femme que je résous des équations. Et ce n'est pas nécessairement comme femme que j'écris un roman. Je peux m'en servir. Ou pas. Je peux en jouer. Je choisis la légèreté. Le jeu est la meilleure façon de n'être pas ce que je suis.

Cette distance, qui manque cruellement à tous les militants identitaires, quels qu'ils soient, peut par exemple prendre la forme de l'humour, cette distance avec soi, avec toutes les couches de sa propre identité, humain, femme, française, marseillaise, homosexuelle, individu pourvu d'un physique, d'une histoire, de caractéristiques intellectuelles et psychologiques, de goûts, de capacités, d'angoisses. L'humour consiste à assumer tout cela, mais à jouer avec, à le mettre à distance, à le placer en regard de tout ce qu'on n'est pas et qu'on aurait pu être. L'humour est une civilité : au lieu de lourdement imposer aux autres mon identité, je la manifeste comme si j'étais moi-même un autre.

Je propose un nouveau programme, pour se substituer à la pesanteur des identités closes, nourrissant le sentiment d'une permanente agression. Noirs, Blancs, Jaunes, Rouges, Arabes, Bretons, Corses, juifs, musulmans, hindouistes, Apaches, Guaranis, Mormons, lesbiennes, gérontophiles, Ouighours, Druzes, Auvergnats, obèses, naines noires bouddhistes et transgenres n'acceptons ni une injustice ni une discrimination, mais n'instrumentalisons pas notre identité pour en tirer profit, pouvoir, avantages, et surtout pour faire taire. Moquons-nous de nous-mêmes. Que notre mot d'ordre soit: «Je ne suis pas ce que je suis», pour l'opposer à ceux qui voudraient nous figer dans notre identité folklorique, par bêtise, par condescendance, par mépris ou par militantisme. Parce que c'est la formule de notre liberté, parce qu'elle affirme notre humanité comme possibilité ouverte.

Table des matières

Pierre Jourde

MIXTE
Papier issu de
sources responsables
FSC® C003309

L'éditeur de cet ouvrage s'engage dans une démarche
de certification FSC® qui contribue à la préservation
des forêts pour les générations futures.

Pour en savoir plus :
www.editis.com/engagement-rse/

Achevé d'imprimer en janvier 2022
par Normandie Roto Impression s.a.s. à Lonrai
N° d'impression : 2200031

Imprimé en France